Bill Hybels

ENTFALTE DEINEN CHARAKTER

Bill Hybels

Entfalte deinen Charakter

Praktische Schritte zu einem authentischen Leben

Projektion J

Titel der Originalausgabe:
Who you are when no one's looking

Published by InterVarsity Press
P.O. Box 1400, Downers Grove, IL 60515

1. Taschenbuch-Auflage 2004

ISBN 3-89490-552-2

Die Bibelstellen wurden der Einheitsübersetzung entnommen.

Übersetzung: Anne Kössel, Claudia Uhlenberg
Umschlaggestaltung und -illustration: Hanni Plato
Umschlagfoto: Corbis
Satz: Projektion J
Druck und Verarbeitung: Ebner & Spiegel, Ulm

INHALT

Kapitel 1

Ist es altmodisch, heute Charakter zu zeigen?

C*harakter* – das Wort kommt in der Bibel selten vor und auch in den Medien begegnet man ihm nicht oft. Dennoch wissen wir, was Charakter bedeutet, und merken sofort, wenn er fehlt.

Menschen, die nicht wissen, was das Wort »Charakter« bedeutet und wie wichtig dieser ist (oder die vielleicht sogar selbst keinen besitzen), neigen dazu, die Zunahme von Sex zwischen Minderjährigen, die steigende Zahl von Abtreibungen und Geschlechtskrankheiten auf die »schwindende Moral in unserer Gesellschaft« zurückzuführen. Sie erfahren, dass gewählte Politiker Bestechungsgelder annehmen, führende Geschäftsleute Schmiergelder verlangen und Investoren gegen riesige Summe Insider-Informationen anbieten, und sie beklagen, dass sie zunehmend Integrität vermissen. Oder sie lesen von verprügelten Frauen, arbeitslosen Ehemännern und missbrauchten Kindern und fragen sich, was in unserer Gesellschaft vor sich geht.

Ein Weiser hat einmal gesagt: »Charakter beschreibt das, was wir tun, wenn wir unbeobachtet sind.« Charakter ist nicht gleichzusetzen mit Ansehen, also damit, wie andere Menschen über uns denken. Er entspricht in keiner Weise dem Erfolg oder Errungenschaften. Charakter beschreibt nicht das, was wir erreicht haben, sondern, wie wir *sind.* Und obwohl wir oft von tragischen Verirrungen des Charakters hören, sagt das noch nichts über die Hintergründe aus.

Gefährdete Charaktereigenschaften

Menschen beweisen täglich auf die verschiedensten Arten, dass sie einen starken Charakter haben:

- Eine Frau überwindet ihre Angst, öffentlich zu sprechen, so dass sie ihrer Kirchengemeinde von einer wunderbaren Gebetserhörung erzählen kann. Das ist *Mut.*
- Ein Mann verspricht feierlich, jeden Morgen zwanzig Minuten früher aufzustehen, um einmal um den Häuserblock zu joggen. Er hält sein Versprechen. Das ist *konsequente Erziehung.*
- Ein Lehrer befasst sich geduldig mit einer unaufmerksamen Schülerin und entdeckt, dass sie eine begabte Schriftstellerin ist. Das ist *weitsichtiges Verhalten.*
- Ein Student, der von Prüfungen und Semesterarbeiten fast erdrückt wird, spielt mit dem Gedanken, das Studium abzubrechen, entscheidet sich jedoch dafür, dabeizubleiben und weiterzustudieren. Das ist *Ausdauer.*

Diese vier Eigenschaften stehen alle auf meiner Liste der »gefährdeten Charakterstärken«. Sie üben nicht gerade eine Faszination auf Außenstehende aus und sind auch nicht leicht umzusetzen. Deshalb versuchen viele Menschen, ohne sie auszukommen. Seltsamerweise ist die Charaktereigenschaft, die wir alle am meisten besitzen wollen, am stärksten gefährdet – die *Liebe.*

Leider ist es so, dass die meisten Menschen, die sagen, sie wollten die Charaktereigenschaft »Liebe« besitzen, in Wirklichkeit nur geliebt werden wollen. Wir hoffen, dass andere uns bewundern und uns Zuwendung zuteil werden lassen, und versuchen, dasselbe für sie zu tun. Menschen mit Charakter gehen jedoch über das warmherzige Geplänkel hinaus, und zwar zur harten Arbeit des Liebens. Sie machen dies auf viele verschiedene Arten, oft ohne zu merken, dass sie Charakterstärke zeigen:

- Eine Frau lehnt es ab, weiterhin Entschuldigungen für ihren Mann zu suchen, der nicht an seiner Arbeitsstelle erscheint, weil er am Abend zuvor zu viel getrunken hat. Das ist *beharrliche Liebe.*
- Ein Vater bemerkt das verweinte Gesicht seiner Tochter, setzt sich zu ihr und ermutigt sie, ihm zu erzählen, was sie auf dem Herzen hat. Das ist *einfühlsame Liebe.*

- Ein Elternteil lehnt eine verlockende Beförderung ab, damit die Familie in der Stadt bleiben kann, in der sie Freunde gefunden und Wurzeln geschlagen hat. Das ist *aufopfernde Liebe.*
- Eine junge Witwe vergibt dem betrunkenen Autofahrer, dessen Auto ihren Mann erfasst und getötet hat. Das ist *radikale Liebe.*

Liebe, so sagt der Apostel Paulus im ersten Korintherbrief, Kapitel 13, Vers 13, sei der wichtigste Charakterzug und die wichtigste Eigenschaft; aber sie wird wahrscheinlich auch am ehesten missverstanden. Das ist der Grund, warum ich ihr den zweiten Teil dieses Buches gewidmet habe. Aber es ist sehr schwer, lieben zu lernen, wenn wir nicht auch andere Charakterstärken aufweisen: Mut, das zu tun, was getan werden muss; konsequente Erziehung zu lernen, Entscheidungen zu treffen und diese dann durchzuführen, und die Weitsicht, voraus und tief in die Herzen der Menschen zu schauen. Es gehört auch die Ausdauer dazu, trotz Spott, Unbehagen oder einfach Langeweile weiterzumachen. Dies ist der Grund, warum ich die erste Hälfte des Buches diesen grundlegenden Charaktereigenschaften gewidmet habe.

Wie entwickelt man Charakterstärke?

Manche, die das Inhaltsverzeichnis lesen, könnten versucht sein, sich einen Plan aufzustellen. »Lassen Sie mich einmal sehen«, würden sie vielleicht sagen. »Was Mut anbelangt, bin ich schwach, also werde ich zwei Monate darauf verwenden, daran zu arbeiten. Sechs Wochen werden wahrscheinlich für die Disziplin nötig sein und ich bin sicher, dass ich höchstens vierzehn Tage benötige, weitsichtiges Verhalten zu erlernen. Ich lasse die Ausdauer einfach weg, so dass ich zwei Monate für jede der unterschiedlichen Arten der Liebe habe. Wenn ich mich an diesen Plan halte, werde ich in einem Jahr einen starken Charakter besitzen.«

Benjamin Franklin erzählt in seiner Autobiographie, dass er diese Vorgehensweise ausprobiert hatte, es jedoch nicht funktionierte. Sobald er sich eine gute Eigenschaft angeeignet hatte und die nächste in Angriff nahm, begann ihm die erste wieder zu entgleiten. Charakter kann nicht durch Willensstärke und Checklisten entwickelt werden. Dafür sind normalerweise äußerst harte Arbeit und einige Schmerzen erforderlich, ehe eine der Tugenden permanent an uns wahrgenommen werden kann.

Wie dem auch sei, die Entwicklung des Charakters muss keine unüberwindliche Aufgabe darstellen. Es gibt Geheimnisse für die Entfaltung jeder einzelnen Charaktereigenschaft, die ich in den einzelnen Kapiteln beschreiben möchte. Aber noch wichtiger ist, dass Jesus Christus – der einzige Mensch, der je in allen Tugenden beständig war – anbietet, seinen Charakter in uns zu entwickeln, wenn wir ihm nachfolgen. Das ist ein Angebot, das wir kaum ablehnen können!

Erlösung können wir uns nicht verdienen

Bitte behalten Sie eine wichtige Tatsache im Auge, wenn Sie dieses Buch lesen. *Gleichgültig, wie wunderbar Ihr Charakter auch sein mag, er wird nie wundervoll genug sein, um Gottes vollkommene Anerkennung zu verdienen.* Dieses Buch beschreibt nicht, wie Sie Gott dazu bringen können, auf Sie aufmerksam zu werden, oder wie Sie Ihre himmlische Kreditwürdigkeit verbessern können. So wichtig Charakter auch sein mag – er ist jedoch nicht der Grund dafür, dass man Erlösung verdient. Und zwar deshalb, weil Erlösung nicht verdient werden kann – noch nicht einmal durch Mut, Disziplin, weitsichtiges Verhalten, Ausdauer oder Liebe.

Erlösung ist ein Geschenk unseres himmlischen Vaters. Sie kostet ihn alles – den Tod seines einzigen geliebten Sohnes. Wir können sie nicht kaufen oder durch harte Arbeit verdienen; ebensowenig durch gutes Benehmen oder durch einen bewährten Charakter. Der einzige Weg, zu einer Beziehung zu Gott zu gelangen, besteht darin, dass wir mit ausgestreckten, offenen Armen zu Jesus Christus kommen und sagen: »Herr, ich möchte dir nachfolgen. Bitte nimm mich in deine Familie auf, reinige mich, gib mir neue Kleider, führe mich und mache mich dir gleich.« Und Jesus wird genau das tun. Er wird uns so, wie wir sind, annehmen und uns versichern, dass wir für immer ihm gehören. Dann – langsam, aber sicher – wird er uns formen und gestalten, bis wir ihm ähnlich sind.

Ich hoffe, dass ich Ihnen zeigen kann, dass Sie bereits die richtige Richtung eingeschlagen haben und sich auf dem besten Weg befinden, um einen starken Charakter zu entwickeln, auch wenn der Pfad demütigender ist, als Sie vielleicht erwartet haben.

In unserer heutigen Zeit fehlt vor allem Charakterstärke. Ich bin davon überzeugt, dass es keine Kriege, keinen Hunger, keine zerstörten Familien, keine Verbrechen und keine Armut gäbe, wenn alle fünf Milliarden Menschen einen starken Charakter hätten und bereit wären, einander zu unterstützen, zu vergeben und zu lieben. Doch ehe Jesus Christus nicht zurückkommt und die Welt erneuert, werden wir nicht in einer solch vollkommenen Welt leben. Wir sollten aber in der Zwischenzeit nicht verzweifeln. In dem Maße, wie unser eigener Charakter gefestigt wird, wird die Welt ein schönerer Ort werden.

Fassen Sie also Mut – er erweist sich als eine gute Voraussetzung.

Teil I

Grundlegende Charaktereigenschaften

Kapitel 2

Mut und das Überwinden lähmender Angst

Ich muss etwas Peinliches gestehen: Ich habe mir dreimal den Film *Rocky I* angesehen. Was noch schlimmer ist: Ich habe auch dreimal *Rocky II*, zweimal *Rocky III* und sogar *Rocky IV* gesehen. Ich muss zugeben, dass ich jedesmal eine Gänsehaut bekam. Nicht, weil ich denke, dass diese Filme besonders gut sind. Sie handeln lediglich von einem wichtigen Thema – Mut.

Mut hat mich schon immer fasziniert. Als ich ein kleiner Junge war, hat mein Vater in Irland ein Segelboot gekauft und ist über den Atlantischen Ozean zurückgesegelt, obwohl ein Wirbelsturm tobte. Ehe er von zu Hause aufbrach, hatte er viele Bücher gelesen, um zu erfahren, was ihn erwarten würde, und auch ich habe sie alle gelesen. In vielen dieser Bücher wurden Schiffsunglücke beschrieben und in jedem wurde die Situation beschrieben, in der Leute auf dem Deck eines sinkenden Schiffes standen und überlegten, was zu tun sei, da es nicht genügend Schwimmwesten für alle gab. Es gab immer jemanden, der sagte: »Hier, nimm meine.« Immer, wenn ich so etwas las, ging mein Atem schneller und mein Herz begann, heftig zu schlagen.

Jedesmal, wenn ich von jemandem höre, der Mut statt Feigheit bewiesen hat, höre ich mich sagen: »So möchte ich auch sein.« Ich wünschte, ich hätte mehr Mut. Ich will nicht von Furcht geknechtet oder von Angst gelähmt werden. Ich will nicht in schwierigen Situationen nachgeben und gegen meine Überzeugung Kompromisse eingehen oder bei größeren Herausforderungen aufgeben. Ich will kein Feigling sein – ich will mutig sein. Das ist ein biblischer Wunsch, denn im zweiten Brief an Timotheus, Kapitel 1, Vers 7 schreibt Paulus:

> »Denn Gott hat uns nicht einen Geist der Verzagtheit gegeben, sondern den Geist der Kraft [...].«

Mut im Alltag

Es ist bedauerlich, dass wir immer nur dann von Mut reden, wenn jemand eine bemerkenswerte Heldentat vollbracht hat, die das Interesse der Medien auf sich zieht. Dann nämlich, wenn jemand eine alte Frau aus einem brennenden Haus trägt oder in einen eiskalten Teich springt, um ein Kind zu retten, das kurz vor dem Ertrinken ist. Es gibt Situationen, in denen beispielsweise jemand das Risiko auf sich nimmt, erschossen zu werden, um einen Freund im Sicherheit zu bringen. Ich mag solche Geschichten, aber sie scheinen sich normalerweise im Leben eines durchschnittlichen Bürgers nicht zu ereignen. Es handelt sich um dramatische, einmalige Gelegenheiten, die sich Menschen, wie Sie und ich es sind, anscheinend nie bieten. Aber je älter ich werde, desto mehr erkenne ich, dass es auch sehr viel Mut erfordert, die gewöhnlichen, alltäglichen Herausforderungen anzunehmen.

Jeden Tag treffen wir Entscheidungen, die zeigen, ob wir mutig oder feige sind. Wir wählen zwischen dem Richtigen und dem Einfachen, wir bleiben unserer Überzeugung treu oder geben der Bequemlichkeit, der Habgier oder dem krankhaften Verlangen nach Anerkennung nach. Wir treffen die Entscheidung, ob wir ein durchdachtes Risiko auf uns nehmen oder uns in ein sicheres Schneckenhaus zurückziehen, in dem wir noch dazu geschützt unserer Passivität frönen. Wir entscheiden uns entweder dafür, an Gott zu glauben und ihm zu vertrauen, auch wenn wir nicht immer seine Wege verstehen, oder dafür, ihn zu hinterfragen und in Ecken des Zweifels und der Angst zu kauern. Derartige Entscheidungen müssen wir jeden Tag treffen. Sie erfordern schnelles Handeln. Wir begegnen ihnen so regelmäßig, dass wir sogar vergessen, sie zu treffen – und manchmal bemerken wir, dass wir mit dem Strom schwimmen, anstatt mutige Entscheidungen zu treffen.

Mut, auch verwundbar zu sein

Viele Menschen behaupten, dass das Christentum etwas für schwache Menschen, Feiglinge und Unselbstständige sei. Mich hat dieser Vorwurf immer fasziniert, weil meiner Erfahrung nach genau das Gegenteil zutrifft. Es erfordert sehr viel Mut, ein Christ zu sein. Mein Glaube verlangt, dass ich mein Bestes gebe. In der Tat ist sogar bereits großer Mut erforderlich, um ein Christ zu werden. In der Bibel steht, dass jeder, der Christ werden möchte, Gott alle Vergehen gestehen, um Vergebung bitten und ihm die Führung seines Lebens überlassen muss. Das erfordert Mut!

Zu Beginn jeden Semesters kündigen die Professoren an: »Der Abgabetermin Ihrer Semesterarbeit ist der ...« Aber man wird leicht von irgendwelchen Nebenbeschäftigungen abgelenkt und der Termin ist ja noch so weit weg – und wenn der vereinbarte Termin vor der Tür steht, merkt man plötzlich, dass die Arbeit nicht fertig ist. Man geht zum Professor und sagt: »Herr Professor, Sie werden es nicht glauben, was mir passiert ist. Meine Tante Helga ist krank geworden«, »Die Bücherei hat das Nachschlagewerk, das ich am dringendsten gebraucht hätte, verloren« oder »Der Hund hat den letzten Entwurf meiner Arbeit aufgefressen, gleich nachdem ich ihn fertig getippt hatte.« Man erzählt alles, nur nicht die Wahrheit – in der Hoffnung, dass der Professor gnädig ist und einen Aufschub gewährt.

Wahrscheinlich sind die wenigsten von Ihnen je zu Ihrem Professor gegangen und haben gesagt: »Sie haben vor mehreren Monaten eine Aufgabe gestellt. Das war fair und ich habe diese Aufgabe deutlich verstanden. Leider habe ich zu oft Karten und zu häufig Tennis gespielt. Ich habe versäumt, das zu tun, was ich hätte tun sollen. Ich war undiszipliniert und habe es aufgeschoben. Jetzt habe ich die Arbeit nicht fertig. Es gibt dafür keine Entschuldigung; es war mein Fehler. Unternehmen Sie, was immer Sie für richtig halten.« Warum handeln wir Menschen nicht so? Weil es unangenehm ist, den wahren Grund unseres Verhaltens zuzugeben, denn das erfordert Mut.

Wenn ich mit anderen über das Christentum spreche, sage ich ihnen: »Sie müssen Ihre Vergehen eingestehen und bereit sein, umzukehren. Sie müssen Gott die Wahrheit über sich sagen – dass Sie gelogen haben, Menschen verletzt und betrogen haben, dass Sie habgierig und unehrlich waren, Ihrem Ehepartner gegenüber untreu und auch egoistisch.« Wenn ich das sage, sehe ich den Schrecken in ihren Augen. Sie wollen nicht so offen sein und sich verletzlich zeigen. Sie rutschen nervös auf dem Stuhl hin und her. Sie blicken auf die Uhr und überlegen sich, wie sie dieser Situation entfliehen können.

Was geht in diesen Menschen vor? Eine Stimme sagt vielleicht: »Es ist mit Sicherheit ziemlich schmerzhaft und demütigend, eigene Fehler zuzugeben, und führt dazu, dass man sich unwohl und bloßgestellt fühlt, aber es ist richtig und du musst es tun.« Gleichzeitig sagt eine andere Stimme: »Denke nicht so viel über dich nach. Nimm's nicht so schwer. Lass dich im Strom der Masse treiben. Verwische deine Spuren!«

Zu viele Menschen geben in ihrer Angst klein bei und sagen: »Ich kann es einfach nicht tun. Es wäre zu peinlich und zu demütigend.« Also bringen sie lächerliche Vorwände vor wie beispielsweise: »Wer? *Ich? Ein Sünder? Ich* doch nicht. Hans ist schrecklich und Luise schlecht, aber ich habe ein ganz gutes Leben geführt. Vielleicht sind mir beim Beurteilen von Situationen ein paar kleinere Fehler unterlaufen – nobody's perfect –, aber bei mir waren es nicht so viele. Dabei handelt es sich um keine ernsten Vergehen.«

Wenn ich solche Antworten höre, habe ich das starke Bedürfnis, darauf Folgendes zu entgegnen: »Guter Freund, du bist feige. Du weißt genau, was du eigentlich tun solltest, aber du kneifst. Du hast nicht den Mut, Gott die Wahrheit darüber zu sagen, wer du wirklich bist. Du hast Angst vor dem Schmerz und der Bloßstellung. Du schreckst zu sehr davor zurück, das Offensichtliche zuzugeben.« Dann möchte ich noch hinzufügen: »Wenn du dich davor drückst, Fehler zuzugeben und einen anderen Weg einzuschlagen, dann sag bitte nie mehr, dass das Christentum etwas für Schwächlinge ist. Offensichtlich ist es etwas für Menschen, die mehr Mut haben als du.« Wenn es Mut erfordert, ein Christ zu *werden*, dann braucht es noch mehr Mut, ein Christ zu *sein*.

Mut, Gottes Führung zu vertrauen

Im Sommerlager spielten wir immer ein Spiel, bei dem wir einem der Kinder die Augen verbanden und es durch ein bewaldetes Gebiet laufen ließen, wobei es sich auf einen Freund verlassen musste, der ihm durch Zurufe dabei half, sich fortzubewegen. »Dreh dich nach rechts; da kommt ein Baum!« oder »Vor dir liegt ein Holzklotz – *spring*!« Einige der Kinder vertrauten den Anweisungen überhaupt nicht. Sie schlurften mit ihren Füßen über den Boden und gingen ganz langsam – selbst dann, wenn ihre Freunde riefen, dass der Weg frei sei. Andere Kinder setzten sich langsam in Bewegung und einige wenige liefen wie Wiesel. Alle Kinder mussten jedoch dem Wunsch widerstehen, die Augenbinde abzunehmen, um zu sehen, was vor ihnen lag. Es erfordert viel Mut, der Führung eines anderen Menschen zu vertrauen.

Als Christen fühlen wir uns manchmal so wie diese Kinder mit der Augenbinde. Im zweiten Korintherbrief, Kapitel 5, Vers 7 schreibt Paulus:

> »[…] denn als Glaubende gehen wir unseren Weg, nicht als Schauende.«

Wir sind jedoch nicht allein unterwegs – denn Gott ebnet den Weg (vgl. Spr 3,6). Trotzdem erfordert es sehr viel Mut, Jesus nachzufolgen. Oft scheint seine Führung unlogisch, irrational und ungewöhnlich. Manchmal ist er so herausfordernd, dass ich sage: »Nein, ich glaube, ich ziehe mich lieber in mein Schneckenhaus zurück und gehe auf Nummer sicher.« Dann höre ich eine innere Stimme: »Wo bleibt dein Mut, Bill Hybels? Steh auf und geh. Du kannst Gott vertrauen.«

Feiglinge bleiben nicht lange auf ihrer geistlichen Pilgerfahrt. Sie verkriechen sich und verschwinden. Es erfordert sehr viel Mut, Reue zu zeigen und Christ zu werden. Es erfordert noch weit mehr Mut, im christlichen Leben Gottes Führung zu vertrauen. Einige seiner Berufungen erfordern alle Kräfte, die man nur aufbringen kann. Einige seiner Prüfungen können einen Menschen bis an die Grenzen bringen und einige seiner Abenteuer können große Angst und Zweifel in uns wecken. In der Tat steht geistlicher Mut auf der Liste der »gefährdeten Charaktereigenschaften«.

Mut in Beziehungen

Eine andere Form von Mut steht ebenfalls in Gefahr, in Vergessenheit zu geraten – *Mut in Beziehungen.* Ich versuche, keine oberflächlichen Antworten auf wichtige Fragen zu geben, aber wenn Menschen mich fragen, was nötig ist, um eine stabile Ehe aufzubauen, sage ich: »Mut«.

Wenn sich eine Ehe gut entwickeln soll, ist Vertrauen nötig. Es erfordert außerordentlich viel Mut, zu seinem Ehepartner zu sagen: »Das bin ich. Ich bin nicht stolz darauf – in Wirklichkeit ist es mir sogar ein wenig peinlich –, aber so bin ich nun einmal.« Es erfordert ebenfalls Mut, dem Ehepartner in die Augen zu schauen und zu sagen: »Unsere Ehe steckt in ernsthaften Schwierigkeiten – wir müssen etwas unternehmen.« Wie verhalten sich die meisten Menschen? Sie schieben die Probleme in die hinterste Ecke und gehen ihren eigenen Weg. Während sie sich auf ihre Karriere oder ihre eigene Erholung konzentrieren, zerbricht ihre Ehe, weil es ihnen an Mut fehlt. Sie haben nicht die Courage, die Sache anzupacken und zu sagen: »Lass uns für unsere Ehe kämpfen. Lass uns zu einer Eheberatungsstelle gehen. Lass uns einen Seelsorger aufsuchen. Komm, wir treffen uns mal mit einem anderen Ehepaar, dem wir vertrauen. Lass uns reinen Tisch machen und die Probleme bewältigen, anstatt vor ihnen davonzulaufen.« Es erfordert Mut, der Versuchung des »Wegschauens« zu widerstehen und sich durch die vielen Arten von Masken, Vertuschungen und Verteidigungsmechanismen zu kämpfen und beständig Jahr für Jahr an einer Ehe zu arbeiten. Mut in Beziehungen meint nicht nur die Beziehung zwischen Mann und Frau. Es erfordert auch Mut, Kinder großzuziehen. Wie oft sehe ich Eltern, die die eigentlich notwendigen erzieherischen Maßnahmen über den Haufen werfen, weil sie die Missbilligung ihrer Kinder nicht ertragen. Die Kinder bekommen einen Wutanfall und sagen: »Ich hasse dich« und schon geben die Eltern nach. Wenn Sie hingegen Ihre Kinder in der Art und Weise erziehen möchten, die Gott vorgesehen hat, dann dürfen Sie es erst gar nicht so weit kommen lassen. Zeigen Sie etwas Mut und sagen Sie: »Du kannst mich nicht einschüchtern. Diese Sache hier muss getan werden und du wirst sie auch erledigen.«

Es erfordert ebenfalls Mut, Beziehungen zu Freunden aufzubauen, sich in die Augen zu schauen und zu sagen: »Ist es nicht an der Zeit, dass wir aufhören, über das Wetter und den Börsenmarkt zu sprechen, und anfangen, uns darüber zu unterhalten, was in deinem und meinem Leben geschieht? Ist es nicht Zeit, dass wir offener werden?« Nur wenige Männer bringen den Mut auf, einander herauszufordern, um für das gemeinsame geistliche und zwischenmenschliche Wachstum zu kämpfen. Aber im Laufe der Jahre habe ich gelernt, dass ich in meiner Ehe, bei meinen Kindern oder meinen Freunden niemals erfolgreich sein kann, wenn ich nicht mutig bin.

Mut bei moralischen Fragestellungen

Wir könnten über viele andere Situationen sprechen, in denen Mut wichtig wäre – Selbstbewusstsein im Beruf; Mut, schwierigen Situationen gegenüberzutreten; die Courage, anständig zu sein. Wie viel Unerschrockenheit muss man aufbringen, um nach ethischen Grundsätzen zu handeln? Welche Art von Beherztheit braucht man, um ehrlich zu sein? Da wir unsere Kunden nicht beleidigen wollen, sagen wir: »Die Ware wird am Montag bei Ihnen sein«, obwohl wir genau wissen, dass sie vor Mittwoch das Lager nicht verlässt. Wir möchten beispielsweise, dass die Leute glauben, wir seien ehrlich, deshalb sagen wir: »Beim Lohnsteuerjahresausgleich gebe ich immer alle Einnahmen an«, während wir in Wahrheit unser Geld nach Luxemburg überweisen oder die Zweitwohnung auf die Mutter überschrieben haben. Die Steuererklärung scheidet mutige Menschen von Feiglingen, denn das ist der Tag, an dem Mut zur Ehrlichkeit unsere Brieftasche trifft.

Wie viel Tapferkeit ist erforderlich, um in einer Gesellschaft, die im Bereich der Sexualität aus der Bahn geraten ist, sexuell integer zu bleiben? Wie viel Courage benötige ich, um an einer Überzeugung festzuhalten, wenn jeder im Büro, in der Schule oder in der Nachbarschaft sagt: »Du bist ein hoffnungsloser Idealist, altmodisch und etwas seltsam – eigentlich bist du ein religiöser Fanatiker«?

Wie werde ich mutiger?

Aber wie wird man mutig? Kann man sich dies wünschen? Spricht man ein Gebet? Schwingt man einen Zauberstab?

Man wird mutiger, indem man *sich mit seiner lähmenden Angst auseinander setzt.* Manchmal glauben wir, dass couragierte Menschen ohne Angst zur Welt gekommen sind. In Wirklichkeit unterscheiden sich mutige Menschen kaum von Ihnen und mir, nur begannen sie irgendwann damit, ihren Ängsten »ins Auge zu schauen«, statt vor ihnen davonzulaufen.

Als ich klein war, erkannte mein Vater, dass ich ein ängstlicher Zeitgenosse war, und so forderte er mich immer heraus, Dinge zu tun, vor denen ich Angst hatte. Als ich beispielsweise elf oder zwölf war, nahm er mich mit zu seiner Firma und sagte: »Geh, Billy, und fahre mit diesem Sattelschlepper.« Ich fuhr bereits seit einigen Jahren Traktor, aber ich schleppte mich in die Kabine dieses zwölf Meter langen Gerätes und zitterte vor Angst. Manchmal brauchte ich vierzig Minuten und der Wa gen stellte sich halb quer gegen das Dock. Aber wenn ich mit zitternden Knien herauskletterte, sagte mein Vater: »Gute Arbeit.« Und das nächste Mal, als er mich beauftragte, wieder zu fahren, fiel es mir schon ein wenig leichter.

Manchmal, wenn mein Vater und ich mit unserem Segelboot auf dem Michigansee segelten und uns zwischen zwei Betondämmen befanden, während das Boot von riesigen Wellen hin und her geworfen wurde, sagte er: »Ich muss hinunter zu den Maschinen gehen – übernimm du das Steuer.« Ich wusste genau, was er vorhatte. Er wollte abwarten, bis ich vor lauter Schrecken fast meinen Verstand verlor und in dieser Herausforderung und Anspannung lernte, mich zu beherrschen. Einmal steuerte das Boot direkt auf einen Betondamm zu, um dann im nächsten Augenblick von einer Welle auf die andere Seite geworfen zu werden. Nachdem ich das Boot schließlich dort hatte, wo ich es haben wollte, kam mein Vater wieder herauf und sagte: »Das war doch gar nicht so schlecht, oder was meinst du?« Das nächste Mal war es dann schon etwas einfacher.

Dasselbe tat mein Vater, als ich das Fliegen lernte. *Meigs Field* ist einer der gefährlichsten Flughäfen der USA. Er liegt direkt am Seeufer im Zentrum Chicagos, ist an den Seiten von Wasser umgeben und hinzu kommt, dass man dort mit sehr starken Seitenwinden und Böen zu kämpfen hat. Wenn wir also geschäftlich von Kalamazoo nach Chicago flogen, ließ mich mein Vater natürlich immer in *Meigs Field* landen, obwohl wir viele andere Flughäfen hätten anfliegen können. Aber jedes Mal fiel es mir ein bisschen leichter.

Vielleicht finden Sie diese Art von Erziehung zu hart oder fordernd, aber sie war der richtige Weg, um mich von meiner Angst zu befreien und zu einem mutigen Menschen zu machen. Da wir aber alle Individuen sind, ist bei Ihren Kindern wahrscheinlich eine andere Vorgehensweise angebracht.

Jede Angst, der wir ins Auge schauen und die wir überwinden, ist ein Baustein. Jeder Erfolg gibt uns neues Vertrauen. Man gewinnt mehr

Zutrauen, wenn man sich seinen Ängsten stellt. Ebenso verhilft es zu mehr Mut, wenn man sich *mit guten Vorbildern umgibt.* In der Bibel steht:

> »[…] schlechter Umgang verdirbt gute Sitten« (1 Kor 15,33).

Wenn man häufig mit Menschen zusammen ist, die kein Rückgrat besitzen, wird man wahrscheinlich auch dieses Verhalten übernehmen. Leider haben wir oft Umgang mit Menschen, die vor ihren alltäglichen Problemen davonlaufen, aufgeben, Kompromisse schließen und auf Nummer sicher gehen. Aber wenn Sie mutiger werden wollen, dann suchen Sie sich bewusst mutige Menschen, mit denen Sie Zeit verbringen. Lesen Sie die Autobiographien mutiger Menschen, Artikel über Mut und biblische Geschichten über Mose, Daniel, Esther und Paulus, die, obwohl sie panische Angst hatten, im Glauben an Gott vorwärts gingen und stark wurden.

Schließlich gewinnen Sie mehr Mut, wenn Sie *Ihrem Verstand ermöglichen, verändert zu werden.* Früher oder später werden Sie die zentrale Bedeutung von Mut bei allen Schritten im Leben verstehen. Mut ist keine vereinzelte, freiwillige Charakterstärke. Wir kommen einfach nicht daran vorbei und können auch nicht vorgeben, dass uns diese Charaktereigenschaft nichts angeht: Mut ist eine Grundvoraussetzung für das Leben als Christ.

Um den Weg mit Christus zu beginnen, ist es erforderlich, die Hand auszustrecken und ihm zu vertrauen. Tapferkeit ist notwendig, um ein Leben im Gehorsam Christus gegenüber zu leben. Es erfordert Courage, anständig zu sein und eine tiefe Beziehung zum Ehepartner, seinen Kindern und seinen Freunden aufzubauen. Es erfordert Mut, ein Geschäft zu vergrößern, das Studienfach zu wechseln oder eine neue Karriere zu beginnen. Es bedarf der Unerschrockenheit, von zu Hause auszuziehen oder nach Hause zurückzukommen.

Mut – wir alle brauchen ihn und Gott möchte, dass wir mutig sind.

> »Denn Gott hat uns nicht einen Geist der Verzagtheit gegeben, sondern den Geist der Kraft […]« (2 Tim 1,7).

Aber wir können nicht einfach dasitzen und warten, bis Mut über uns hereinbricht. Wir müssen um ihn kämpfen!

Kapitel 3

Konsequente Erziehung und Erfolg

Es scheint, als hätten manche Menschen in allem, was sie tun, Erfolg. Sie haben Erfolg im Beruf, leben in intakten Familienverhältnissen, beteiligen sich am kirchlichen Leben und sind aktive, im Glauben wachsende Christen – selbst körperlich befinden sie sich in guter Kondition. Wenn man mit solchen Menschen näher bekannt wird und Vermutungen über ihren Erfolg anstellt, wird man erkennen, dass eine Eigenschaft fast immer eine Rolle spielt – *konsequente Erziehung*. Hierunter fällt nicht nur die Erziehung von Kindern, sondern auch das Verhalten von Erwachsenen.

Im Gegensatz dazu gibt es andere, denen unaufhörlich Katastrophen und Pannen passieren. Wenn man näher mit ihnen in Kontakt kommt und sie sich selbst und anderen gegenüber aufrichtig sind, werden sie wahrscheinlich eine sehr zutreffende Beurteilung abgeben, warum ihnen so viel Unglück widerfahren ist. Vielleicht sagen sie: »Nun, weißt du, ich habe den Dingen einfach ihren Lauf gelassen, weil ich hoffte, dass sich meine Probleme von selbst lösen«, »Ich habe meine Aufgaben nicht mehr erledigt«, »Ich habe nicht auf meine Ersparnisse Acht gegeben«, »Ich habe meine Termine nicht eingehalten«, »Ich habe mich nicht um den Umsatz gekümmert« oder »Ich habe meine Familie und mich selbst vernachlässigt«. Diese Liste mit den Gründen für ihr Versagen könnte noch fortgesetzt werden, aber die meisten Gründe lassen sich mit einem deutlich sichtbaren Mangel an *konsequenter Erziehung* erklären.

Konsequente Erziehung ist eine der wichtigsten Charakterstärken, die ein Mensch haben kann. Sie spielt in jedem Lebensbereich eine Schlüsselrolle. Aber wie viele äußerst disziplinierte Menschen kennen Sie? Fallen Ihnen spontan fünf Menschen ein, die all ihre Lebensbereiche wirklich geordnet haben? Sind Sie diszipliniert? Gott hat mir Hunderte von Bekannten geschenkt, aber nur ein Bruchteil von ihnen zeigt in hohem Maße konsequente Erziehung. Nicht, dass sie nicht diszipliniert sein wollen – das möchten sie schon. Aber ich fürchte, dass konsequente Erziehung eine sehr gefährdete Charaktereigenschaft ist.

In mehreren Umfragen habe ich von Menschen wissen wollen, welche Charaktereigenschaft sie bei sich gern stärker ausgeprägt sehen würden; normalerweise ist die am häufigsten genannte Eigenschaft Selbstdisziplin. Aber es besteht eine große Unsicherheit darüber, was damit tatsächlich gemeint ist und wie man diese wunderbare Eigenschaft umsetzen kann. Die meisten Menschen wissen nicht, wie sie ein größeres Maß an Disziplin erreichen und sie im Alltag verwirklichen können.

Worum handelt es sich also bei dieser Eigenschaft, die wir nicht verstehen, die wir jedoch begehren? Ich kann Ihnen in wenigen Worten konsequente Erziehung definieren und damit das Wesentliche enthüllen – ihren eigentlichen Kern: Bei der konsequenten Erziehung handelt es sich um ein Vergnügen, das sich erst später einstellt, bzw. das man bewusst auf einen späteren Zeitpunkt verschiebt.

Zuerst die schlechte Nachricht

Scott Peck beschreibt in seinem Buch *The Road Less Travelled* (»Die Straße, die weniger bereist wird«): »Die aufgeschobene Freude stellt einen Prozeß dar, den Schmerz und die Freuden des Lebens in solch einer bestimmten Reihenfolge festzusetzen, daß die Freuden dadurch gesteigert werden, indem man dem Schmerz zunächst begegnet und dann überwindet.« Er fügt hinzu: »Es ist der einzige anständige Weg zu leben.« Dem kann ich nur zustimmen.

Haben Sie je beobachtet, wie ein »diszipliniertes« Kind ein Stück Kuchen isst? Es entfernt sorgfältig den Belag am Rand und isst zuerst den Tortenboden. Wenn es damit fertig ist, werden seine Augen etwas größer und es stürzt sich auf die Füllung. Für ein Kind ist dies der einzig wahre Weg, Kuchen zu essen. Was das anbetrifft – haben Sie je beobachtet, wie ein Erwachsener Fürst-Pückler-Eis isst? Normalerweise wird zuerst das Vanilleeis, dann das Erdbeereis und zuletzt das Schokoladeneis gegessen. Geübte Kuchen- und Eisgenießer wissen, wie sie ihre Zufriedenheit steigern können, wenn sie das oben beschriebene Prinzip anwenden.

Es ist meist ein jahrelanges Vorleben der Eltern notwendig, ehe die Mehrzahl der Kinder dieses Prinzip anzuwenden lernt. Hingegen erkennen am Ende die Kinder, die dieses positive Vorbild nicht haben, dass sie das Abendessen oder Unternehmungen nach dem Abendessen nicht genießen können, wenn noch Hausaufgaben anstehen oder wenn sie wissen, dass der Hund noch gebadet werden muss. Das ist der Grund, warum sehr disziplinierte Schüler ihre zu erledigenden Hausaufgaben nach der Schule so bald wie möglich in Angriff nehmen. Wenn sie diese Pflichten einmal erledigt haben, können sie den Rest des Tages genießen.

Wenn junge Menschen in die Berufswelt eintreten, werden sie selbstverständlich und notwendigerweise nicht sogleich im Sessel des Direktors Platz nehmen. Zunächst machen sie freiwillig Überstunden, nehmen weniger Urlaub, erledigen auch einmal eintönige Aufgaben und arbeiten für sehr geringen Lohn. Sie wissen, dass sich das Durchhalten eines Berufsanfängers auch in beschwerlichen und unangenehmen Situationen am Ende in Form von flexiblerer Arbeitszeit, höherem Gehalt, längerem Urlaub, mehr Verantwortung und interessanteren Aufgaben bezahlt macht. Sie akzeptieren ihre manchmal schmerzvolle Zeit zu Beginn einer neuen Arbeitsstelle und vertrauen darauf, dass eine bessere Zeit folgen wird. Dieses Prinzip, das sich sehr gut auf die Arbeitswelt anwenden lässt, funktioniert auch in anderen Bereichen.

Ein positives Resultat, das sich erst später einstellt, ist beispielsweise auch im geistlichen Leben von Bedeutung. Als Pastor habe ich andere Menschen oft sagen hören: »Ich habe im Laufe der Jahre etwas gelernt: Wenn ich die Selbstdisziplin aufbringe, frühmorgens zehn oder fünfzehn Minuten an einem ruhigen Ort zu verbringen, um die richtige Perspektive für meinen Weg mit Gott zu bekommen, wird der ganze restliche Tag viel erfüllender sein. Dazu gehört für mich, ein paar Dinge aufzuschreiben, in der Bibel zu lesen, eine Kassette anzuhören und zu beten.« Achten Sie gut auf das, was diese Menschen sagen. Wenn ich mich aus dem Bett winde, obwohl es im ganzen Haus kalt ist, und meine Zeit und Energie für etwas Wertvolles einsetze, dann wird der übrige Tag besser werden. Dies bedeutet »aufgeschobenes Vergnügen« auf dem geistlichen Weg.

Konsequente Erziehung in der Familie

Konsequente Erziehung gehört auch zum Familienleben. Ehepaare, die früh den Wert von Selbstdisziplin erkennen, gehen mit folgender Einstellung in ihre Ehe: »Lass uns gleich zu Beginn an unserer Ehe ›arbeiten‹. Stellen wir uns den Konflikten, sobald sie auftauchen. Lassen wir den Dingen nicht ihren Lauf. Wir sollten unternehmen, was nötig ist, dass unsere Ehe für uns beide erfüllend ist, gleichgültig, wie viel wir dafür tun müssen.« Das kann harte Arbeit bedeuten und manchmal unbequem oder sogar schmerzvoll werden, aber es bringt wunderbare Ergebnisse: Erfüllung und Zufriedenheit für die zukünftige gemeinsame Zeit.

Manchmal treffen sich meine Frau Lynne und ich mit Ehepaaren, deren Beziehungen in eine Krise geraten sind. Nachdem wir uns mit ihnen unterhalten haben, stellen wir oft fest, dass sie, obwohl sie doppelt so lange verheiratet sind wie wir, sich mit Dingen auseinander setzen, um die wir uns während der ersten zwei oder drei Jahre unserer Ehe gekümmert haben. Wenn Probleme zwischen ihnen entstanden oder ans Licht kamen, waren sie nicht bereit, sich ihnen zu stellen. Es war ihnen zu unbequem, deshalb verhielten sie sich so, als wäre alles in Ordnung. Sie zogen es vor, den Dingen ihren Lauf zu lassen, anstatt das gegenwärtige Unbehagen auszuhalten und die Konflikte auszutragen, um den Blick frei in eine glückliche Zukunft richten zu können. Die Folge dieser Unterlassung war natürlich ein wachsendes Unbehagen, das schließlich unerträglich wurde. Sie hätten besser daran getan, wenn sie gesagt hätten: »Lass uns gleich zu Beginn an unserer Beziehung ›arbeiten‹, damit dieselben Probleme nicht später nochmals auftreten.«

Das oben dargestellte Prinzip spielt auch bei der Erziehung von Kindern eine große Rolle. Viele Eltern sind nicht bereit, die Opfer zu bringen, die notwendig sind, um den größten Nöten ihrer Kinder zu begegnen. Eine Beförderung, eine Fernsehshow oder ein Nickerchen auf dem Sofa mögen vielleicht viel verlockender erscheinen, als mit einem dreijährigen Kind Kaufladen zu spielen. Es ist gar keine Frage, dass es schwer ist, mit ganzem Herzen und regelmäßig für Kinder da zu sein, um ihnen ein gesundes Aufwachsen zu ermöglichen. Aber gewöhnlich entwickeln Kinder einen starken Charakter, wenn wir ihnen und uns gegenüber konsequente Erziehung verwirklichen. Eltern, die sich diszipliniert darauf konzentrieren, ihre Kinder so zu erziehen und dabei Gott vertrauen, dass er ihnen die Kraft gibt, durchzuhalten, genießen wahrscheinlich das Ergebnis eines Lebens, das von einer stabilen Beziehung zu ihren Kindern geprägt ist.

Ohne Fleiß kein Preis

Eine gute körperliche Verfassung ist ohne Selbstdisziplin und eine Vorfreude auf die positiven Resultate unserer Anstrengungen nicht möglich. Wir entscheiden uns bewusst dafür, auf bestimmte kulinarische Genüsse zu verzichten. Es geschieht deshalb, weil wir angenehm überrascht sein wollen, wenn wir uns auf die Waage stellen. Wir stellen fest, dass sich die Selbstdisziplin lohnt, wenn wir uns in unserer neuen Jeans im großen Wandspiegel betrachten. Wenn wir im Fitnessclub trainieren, fragen wir uns: »Warum tun wir das?« Wir treiben deshalb Sport, damit wir, wenn wir es hinter uns gebracht haben, die spürbare Erleichterung und Freude erfahren, die die geleistete Anstrengung nach sich zieht. Es steckt ein Körnchen Wahrheit in folgendem Satz: Wenn man fünfundvierzig Minuten oder eine Stunde lang Schmerzen in Kauf nimmt, fühlt man sich danach besser. Die Spannung der Muskeln ist gut. Man fühlt sich frisch und genießt das Wohlbefinden, welches den ganzen Tag bis in die Nacht hinein anhält.

Beim Umgang mit Finanzen ist es genau dasselbe. Wenn es ein Gebiet gibt, auf dem das Prinzip des Vergnügens, das sich, wie wir wissen, erst später einstellt, gelebt werden muss, dann ist es dieses. Es ist schmerzhaft und bisweilen bitter, wenn man sich ganz klar gegen einen Kauf einer ersehnten Sache entscheidet. Aber es ist doch ein schönes Gefühl, wenn die Ersparnisse wachsen und getätigte Investitionen fällig sind. Dann weiß man, dass man sich doch richtig entschieden hat, als man auf etwas anderes verzichtete.

Es ist jedoch eine Sache, das Prinzip der konsequenten Erziehung zu *verstehen*, und eine andere, ein diszipliniertes Leben *führen*. Der Schlüssel zur Umsetzung von Selbstdisziplin lässt sich mit drei Worten beschreiben: *langfristige Entscheidungen treffen*. Darauf möchte ich nun im Folgenden genauer eingehen.

Langfristige Entscheidungen treffen

Wenn Sie einmal zu der Überzeugung gelangt sind, dass der einzig wahre Weg der ist, zuerst Unangenehmes und große Herausforderungen zu planen, um dann Vergnügen, Lohn und das Ergebnis zu genießen, dann müssen Sie einen wichtigen Schritt unternehmen. Sie müssen langfristige und konkrete Entscheidungen treffen, *wie* Sie in den verschiedenen Lebensbereichen konsequente Erziehung in die Tat umsetzen können.

Körperliche Gesundheit beispielsweise ist ein Bereich, der mir sehr wichtig ist. Ich stamme aus einer Familie, deren Mitglieder sowohl väterlicherseits als auch mütterlicherseits unter chronischen Herzbeschwerden leiden. Zwei Brüder meines Vaters und zwei Brüder meiner Mutter erlitten einen Herzanfall und starben, noch ehe sie fünfzig Jahre alt geworden waren, und mein Vater starb mit dreiundfünfzig Jahren. Selbst ich bekam mit fünfzehn Jahren erste gesundheitliche Probleme. Für mich kommt es deshalb nicht in Frage, mit meiner Gesundheit zu spielen. Ich weiß, dass ich etwas für sie tun muss.

Ich bin mir ganz einfach bewusst, dass ich die Qual des Laufens und des Gewichthebens aushalten muss, ehe ich mich mit Freude gut und gesünder fühlen kann. So *verstehe* ich konsequente Erziehung. Aber allein dies zu verstehen, reicht nicht aus, meine Gesundheit zu verbessern; ich muss die Einsicht in die Tat umsetzen. Ich *mache Ernst* mit der Selbstdisziplin, wenn ich im Voraus die Entscheidung treffe, von Montag bis Freitag das Büro um fünfzehn Uhr dreißig zu verlassen, um im Fitnessclub zu trainieren.

Diese Entscheidung habe ich vor vielen Jahren getroffen und regelmäßig trage ich jenen Termin in meinen Kalender ein. Noch immer signalisiert mir täglich mein träger Körper gegen fünfzehn Uhr fünfzehn: »Du wirst heute nicht trainieren gehen. Du empfindest an verschiedenen Stellen Schmerzen und bist im Übrigen erschöpft. Du bist doch mit deiner Arbeit unheimlich beschäftigt. Also wirst du doch nicht tatsächlich gehen wollen?« Ein Teil von mir will sich wirklich lieber nicht auf den Weg zum Training machen, also lasse ich mich auf diese kleine Diskussion ein.

»Na ja, ich sollte wohl gehen.«

»Ach, du kannst doch hier und da mal einen Tag ausfallen lassen. Schließlich willst du doch kein Fanatiker werden.«

So verläuft die Diskussion. Wenn ich jeden Tag um fünfzehn Uhr dreißig erst die Entscheidung treffen würde, ob ich gehen sollte oder nicht, würde ich mich wahrscheinlich in den seltensten Fällen bei den sportlichen Veranstaltungen blicken lassen. Gegenüber den aufkommenden Gefühlen und Stimmen würde ich wahrscheinlich meist klein beigeben. Aber ich treffe langfristige Entscheidungen. Weil ich bereits entschieden habe, in den Fitnessclub zu gehen, ignoriere ich die Gegenargumente, ungeachtet ihrer Überzeugungskraft.

»Tut mir leid«, sage ich dann zu meinem Körper, »ich würde gerne auf dich hören, aber ich kann nichts daran ändern. Die Entscheidung steht fest. Der Termin ist in meinem Kalender eingetragen. Du kannst mich nicht umstimmen. Es ist bereits von mir beschlossen worden.« Vielleicht seufzt der unwillige Teil von mir, aber man höre und staune: Er kommt mit hinein in den Fitnessraum.

Eine langfristige Entscheidung zu treffen stellt eine wirksame Art und Weise dar, das Einüben von Selbstdisziplin im Alltag zu verwirklichen.

Die Finanzen klären

Langfristige Entscheidungen spielen beim Umgang mit Geld ebenso eine Rolle wie bei der Erhaltung körperlicher Gesundheit. Lynne und ich stellen am Anfang eines jeden Jahres einen Haushaltsplan auf. Wir beten, einigen uns auf einen Plan und halten ihn schriftlich fest. Dann geloben wir feierlich, uns an unseren Haushaltsplan zu halten, komme, was wolle. Das heißt, wir haben damit eine langfristige Entscheidung getroffen. Und was passiert, wenn der Zahltag kommt?

»Ich habe eine wunderschöne Lampe gesehen. Sie ist wie für uns geschaffen. Und sie ist zu verkaufen.« Wir lächeln uns gegenseitig an. »Sie würde vortrefflich auf unseren kleinen Tisch passen und das Zimmer so viel heller machen. Wir brauchen sie wirklich.« Ohne langfristige Entscheidungen bezüglich des erstellten Haushaltsplans würden wir wahrscheinlich sofort loslaufen und diese Lampe kaufen. Aber weil wir beide versprochen haben, uns an diesen Plan zu halten, überprüfen wir unsere Finanzen und fragen: »Können wir sie uns leisten oder nicht?« Wenn nicht, dann ist es schade; die Entscheidung ist schon gefallen.

Weder kämpfen wir darum, noch versuchen wir einen Rückzug. Wir beherzigen die Vereinbarung.

Persönliche Beziehungen

In einem Bereich ist es besonders wichtig, langfristige Entscheidungen zu treffen: in Beziehungen. Traurigerweise findet diese Hilfe in Bezug auf eine klare und erstrebenswerte Lebensführung bei menschlichen Bindungen kaum Anwendung. Wenn sich ein Mann und seine Frau beispielsweise weiterhin für ihre Beziehung einsetzen und in ihr wachsen möchten, dann brauchen sie mindestens einen Abend in der Woche, an dem sie füreinander Zeit haben. Lynne und ich nennen ihn »Rendez-vous-Abend«. Seit einigen Jahren ermutige ich die verheirateten Paare unserer Gemeinde dazu, sich wöchentlich Zeit füreinander zu nehmen. Fast jeder stimmt mit mir darin überein, dass dieser Abend sinnvoll und sogar unentbehrlich sei. Nur wenige Paare nehmen sich jedoch tatsächlich regelmäßig Zeit. Ich bin davon überzeugt, dass die Paare, die dies über Monate hinweg praktizieren, die Entscheidung langfristig getroffen haben. Sie haben einen festen Termin und zu einer bestimmten Zeit kommt der Babysitter, damit sie den Termin einhalten können. Es ist alles vorbereitet worden; wenn also die Zeit gekommen ist, halten sie sich daran.

Am wichtigsten ist das Treffen langfristiger Entscheidungen in unserer Beziehung zu Gott. Wir wissen, dass wir weder durch harte Arbeit, eine besonders intelligente Zeiteinteilung oder Selbstdisziplin erlöst sind, sondern durch das Geschenk seiner Gnade. Unser geistliches Leben ist ebenso eine Gabe Gottes, wie wir das physische Leben ohne jegliche Anstrengung erhielten. Aber wenn wir nicht diszipliniert leben, werden wir geistlich keine Reife erlangen. Ein gleiches Ergebnis wäre für den Körper zu erwarten, wenn wir uns weigerten, zu essen, zu schlafen und uns zu bewegen.

Sollten Sie Interesse daran haben, Ihr geistliches Potenzial auszuschöpfen, müssen Sie unbedingt beginnen, in Ihrem geistlichen Leben langfristige Entscheidungen zu treffen. Ich habe erkannt, dass drei Dinge für mich notwendig sind, wenn mein geistliches Leben erfolgreich sein soll. Erstens: Die regelmäßige Teilnahme an einem Lobpreisgottesdienst in unserer Gemeinde ist unerlässlich. Zweitens benötige ich täglich eine persönliche Zeit mit Gott. Und drittens ist die Gemeinschaft mit anderen Gläubigen im Gottesdienst erforderlich. Wenn ich mich nicht aktiv um diese drei Dinge bemühe, werde ich müde. Ich fühle mich geistlich frustriert und es scheint, als würde Gott mich nicht einsetzen. Früher oder später versteht jeder Gläubige, was nötig ist, um als Christ zur Reife zu gelangen; es handelt sich um tägliche oder wöchentliche Mindestanforderungen eines geistlich gesunden Lebens. Und hier kommt konsequente Erziehung ins Spiel.

Wenn Sie erkennen, was Sie regelmäßig unternehmen müssen, um ein immer hingegebener Christ zu werden, ist es Zeit, einige langfristige Entscheidungen zu treffen. Wenn Sie als Mitglied der christlichen Gemeinde an der Anbetung teilnehmen müssen, um geistlich zur Reife zu gelangen, dann treffen Sie die langfristige Entscheidung, anwesend zu sein – und gehen Sie hin! Sagen Sie: »Gut, ich *werde* dabei sein, wenn sich die Gemeinschaft versammelt. Ich *werde* jeden Sonntagmorgen in die Kirche gehen.« Warten Sie nicht bis Samstagabend, wenn Sie spät nach Hause kommen, um sich dann zu fragen: »Ist mir danach zu Mute, den Wecker zu stellen?« Fragen Sie nicht: »Wer predigt? Über welches Thema?« Richten Sie sich nicht nach dem Wetter. Gehen Sie, weil Sie bereits entschieden haben, dass Sie gehen.

Das Gleiche gilt für Ihre persönliche Zeit mit Gott. Nehmen Sie sich die Zeit, schreiben Sie es sich in Ihren Kalender und halten Sie die zugesagte Zeit ein. Vielleicht ist es für Sie die beste Zeit zu beten, wenn Sie morgens aufstehen, wenn Sie im Büro ankommen, während Ihrer Mittagszeit oder bevor Sie ins Bett gehen. Vielleicht lesen Sie in der Bibel oder beten, schreiben in Ihr Tagebuch oder hören sich eine Kassette an – dies alles sind Dinge, die Sie auf Ihrem Weg mit Gott immer wieder erfrischen können. Teilen Sie sich Ihre Zeit und die Aktivitäten ein, gleichgültig, welche Ihnen am meisten zusagen, aber überlassen Sie Ihre Zeit mit dem Herrn nicht dem Zufall. Treffen Sie auch hier eine langfristige Entscheidung, Ihre tägliche Verabredung mit ihm einzuhalten, und zwar unbedingt.

Konsequente Erziehung aufrechterhalten

Wenn Sie in ihrem geistlichen Leben an einen Punkt kommen, an dem Sie sagen: »Ich möchte mir die Macht der konsequenten Erziehung zu Nutze machen und den Mindestanforderungen Genüge tun«, sagen Sie in Wirklichkeit: »Ich bin bereit, alles zu erfüllen, egal, was es mich kostet. Ich habe mich innerlich darauf eingestellt, dass mir der persönliche Einsatz vielleicht zunächst schwer fällt, das Leben mit Gott aber Belohnung genug sein wird.« Sie treffen die langfristige Entscheidung, sich trotz Schwierigkeiten mit ganzer Kraft dafür einzusetzen, was Sie am meisten ersehnen. Das ist Selbstdisziplin.

Das Wesentliche der konsequenten Erziehung ist also das Vergnügen, das sich erst später einstellt, und der Schlüssel, um diese Charaktereigenschaft umzusetzen, besteht darin, langfristige Entscheidungen zu treffen. Vielleicht wenden nun einige von Ihnen ein: »Das schaffe ich nicht allein.« Sie vertrauen fest dem Prinzip, wonach an erster Stelle der Verzicht steht und dann erst die lang ersehnte Freude, doch klappt es bei Ihnen nicht. Sie haben des Öfteren versucht, langfristige Entscheidungen zu treffen, aber Ihre Anstrengungen reichen nicht aus. Irgendwie schmelzen Ihre Vorsätze unter dem Einfluss der Versuchung oder der angenehmen Wärme der Faulheit dahin.

Es gibt gute Neuigkeiten: Gott erwartet nicht, dass Sie es allein schaffen. Er weiß, dass Sie Menschen brauchen, die Sie begleiten. Dies ist ein Grund, warum Christen als Gemeinschaft und nicht nur als Einzelpersonen zu Gott kommen. Wenn Sie Hilfe brauchen, um an Ihren Entscheidungen festzuhalten, beanspruchen Sie die Macht der *Verbindlichkeit*. Bitten Sie einfach zwei oder drei Freunde darum, Sie hinsichtlich Ihrer Entscheidungen immer wieder an Ihre Verantwortung zu erinnern. Erzählen Sie ihnen: »Ich habe diese langfristigen Entscheidungen getroffen, weil ich wirklich ein Ergebnis sehen möchte. Bitte ruft mir das immer wieder ins Gedächtnis.« Dies gibt der Selbstdisziplin enormen Aufschwung. Außerdem wird uns in Gottes Wort versprochen, dass der Heilige Geist hilft, die Selbstbeherrschung zu verwirklichen (vgl. Gal 5,23). Auf diese Hilfe können Sie sich verlassen.

Was bleibt mir dabei?

Die mühsam angeeignete Selbstdisziplin ohne jegliche Belohnung – das wäre am Ende zu hart. Glücklicherweise sind die Ergebnisse eines disziplinierten Lebens unglaublich. Mike Singletary, der Stürmer der *Chicago Bears,* ist ein Mitglied meiner Gemeinde. Ich war bei ihm Zuhause und habe die beeindruckende Sammlung von Trainingsgeräten gesehen, die er in seinem Keller aufgestapelt hat. »Mike«, sagte ich, »die ›Bears‹ haben Trainingsgeräte im Wert von vielen tausend Dollars in ›Halas Hall‹. Warum hst du in deinem Keller noch mehr davon?«

»Ich möchte unabhängig sein«, erzählte mir Mike. »Ich bin bereit, jeden Preis zu zahlen, denn wenn ich spielen muss, möchte ich einsatzbereit sein.« Das ist der Grund, warum Mike nach einem ganzen Trainingstag oft nach Hause kommt, in seinen Keller geht und weitertrainiert. Was hat er davon? Er kann Profi-Football spielen; er kann den *Super Bowl* spielen; er kann über die Dauer von drei Spielzeiten ein absoluter Sportprofi sein.

Die Selbstbeherrschung wird – ungeachtet, in welchem Lebensbereich sie praktiziert wird – positive Ergebnisse erzielen. Die Belohnung für geistliche Disziplin ist ein gefestigtes Leben als Christ mit folgenden Merkmalen: Reife, Eignung, Erfüllung und Zufriedenheit. Das Resultat einer praktizierten Disziplin in Beziehungen ist eine blühende Ehe und ein glückliches Familienleben und wunderbare Freundschaften. Der Gewinn für die Disziplin der physischen Konstitution ist ein gesunder Körper, gesteigerte Energie und Widerstandsfähigkeit gegenüber Krankheiten. Außerdem höhere Konzentrationsfähigkeit und ein gesteigertes Selbstwertgefühl. Der Erfolg von Selbstdisziplin im Bereich der Finanzen besteht in der Freiheit von Schulden und der spürbaren Zufriedenheit darüber, dass der Notgroschen beträchtlich anwächst.

Der Lohn der Disziplin ist groß, jedoch selten unmittelbar. Wenn unsere Gesellschaft nach sofortigem Vergnügen und schnellen Lösungen schreit, ist es schwierig, demgegenüber einen disziplinierten Weg einzuschlagen. Aber Sie werden nie eine Beziehung zu Gott, eine Ehe, sportliche Kondition oder ein Vermögen aufbauen können, wenn Sie sich an das Gesetz unserer Gesellschaft halten, das unmittelbare Ergebnisse und vergnügte Stunden fordert. Eines Tages wird es sich bezahlt machen, wenn Sie jetzt den Schmerz aushalten und hart arbeiten.

Geduld, auf Vergnügen zu warten, das sich erst später einstellen wird. Langfristige Entscheidungen. Verantwortlichkeit. Diese Worte definieren konsequente Erziehung und erklären, wie man sie erreichen kann. Der Lohn eines disziplinierten Lebens ist riesig und Sie können ihn bekommen, wenn Sie bereit sind, die Anstrengungen auf sich zu nehmen. In welchem Lebensbereich haben Sie Disziplin am meisten nötig? Wann werden Sie den ersten Schritt machen?

Kapitel 4

Weitsichtiges Verhalten – über Vordergründiges hinausschauen

Es gibt eine Geschichte von zwei Gefangenen, die in einer Zelle leben. Dort dringt kein Licht hinein bis auf wenige Strahlen, die durch ein kleines Fenster fallen, das sich fast einen Meter über Augenhöhe befindet. Natürlich haben beide Gefangenen sehr lange auf diese kleine Öffnung geschaut. Einer von ihnen sah nur die Gitterstäbe – hässliche, stählerne Zeugen des Alltags in einem Gefängnis. Von Tag zu Tag wurde er entmutigter, verbitterter, zorniger und verlor immer mehr die Hoffnung. Der andere Gefangene dagegen schaute durch das Fenster auf die Sterne, die am Himmel dahinter zu sehen waren. Als er begann, an die Möglichkeit zu denken, wieder in Freiheit zu leben, stieg Hoffnung in ihm auf.

Die Gefangenen sahen auf dasselbe Fenster, aber einer blickte auf die Gitterstäbe, während der andere seinen Blick auf die Sterne richtete. Und ihre verschiedenartige *Sichtweise* bewirkte einen riesigen Unterschied in ihrem Leben.

Ein Geschäftsführer erzählte mir, dass es seiner Meinung zu wenige Menschen gäbe, die an der Börse vorausschauend handelten. »Heutzutage gibt es in der Wirtschaft viele Leute, denen es an Weitblick fehlt«, sagte er. »Ich meine Menschen, die genau das machen, was man ihnen sagt, in genau der Art und Weise, wie man es von ihnen verlangt – und nicht mehr. Es gibt viele solcher ›Maschinen‹, aber nur sehr wenige Menschen mit eigenen Vorstellungen. Wir haben Menschen mit einer Vision nötig, eben solche, die sich auch außerhalb der regulären Arbeitszeit Gedanken machen und Mittel und Wege finden, Verbesserungen miteinzubringen oder die Effektivität zu steigern.«

Ein Gemeindeleiter rief mich vor einer Weile an und fragte, ob ich einen Pastor wüsste, der seine Kongregation leiten könne. Er machte mir deutlich, dass er niemanden wollte, der einfach in die Gemeinde käme, um den Status quo beizubehalten. »Wir suchen einen Pastor, der eine Vision für die Zukunft hat«, sagte er.

Vor nicht allzulanger Zeit erzählte mir eine alleinstehende Frau, dass sie dafür bete, dass Gott sie zu einem Mann führen möge, der – nach ihren Worten – »wirklich weiß, was er will, bereit ist, Risiken auf sich zu nehmen, und der mir ein Rätsel bleibt«. Mit anderen Worten: Sie wollte, dass Gott ihr einen Mann suchte, der die Fähigkeit hatte, vorausschauend zu sein. »Aber«, sagte sie traurig, »ich glaube nicht, dass es noch viele solcher Menschen gibt.« Ich hätte ihr gern gesagt, dass sie zu pessimistisch sei, aber das konnte ich nicht. Es gibt viele Menschen ohne Perspektive, die genau das tun, was man ihnen sagt, und es gibt viele Menschen, die viel dafür tun, den Status quo aufrechtzuerhalten, aber es gibt nicht mehr viele, die sich eigenständig einsetzen – mit ihrer Fähigkeit, vorauszuschauen.

Warum gibt es so wenige Menschen, die ihren Blick auf die Zukunft richten?

Neben Mut und Disziplin steht *Weitblick* auf meiner Liste der »gefährdeten Charaktereigenschaften«. Der Grund ist einfach: Es ist zu anstrengend, ein weitblickender Mensch zu sein. Es ist viel einfacher, nur mit dem Strom zu schwimmen und das zu tun, was von einem erwartet wird. Es erfordert Mut, von den herkömmlichen Denkmustern abzurücken. Es erfordert Selbstvertrauen und Courage, mit einer neuen Idee oder einem unerwarteten Alleingang einen Fehlschlag zu riskieren. Menschen, die ihren Blick in die Zukunft richten, stehen vor der Gefahr zu versagen, ehe sie Erfolg haben. Außerdem fühlen sich die meisten Menschen zu schwach, um Risiken auf sich zu nehmen. Sie ziehen es vor, sicher und geschützt zu bleiben.

Es erfordert auch sehr harte Arbeit und Mut, ein Mensch mit eigener Perspektive zu sein. Hier ist Disziplin gefragt, sich mit Papier und Bleistift hinzusetzen und nicht eher den Schreibtisch zu verlassen, bis man fünf Möglichkeiten gefunden hat, etwas zu verändern. Oder beispielsweise drei neue Wege aufgezeigt hat, etwas zu verbessern, oder zwei neue Entscheidungen getroffen hat, wie man etwas retten kann, das in Gefahr schwebt, für immer zu verschwinden. Es erfordert Ausdauer, niederzuknien und auszuharren, bis Gott auf die ihm eigene Weise einen neuen Gedanken zündet. Es erfordert harte Arbeit, Pläne für etwas zu machen, das in sechs Monaten, einem, drei oder fünf Jahren an der Arbeitsstelle, in der Familie, der Ehe oder dem geistlichen Amt passieren könnte. Wahrscheinlich trifft es ohnehin nicht ein – warum dann träumen? Es ist viel einfacher, die Gitterstäbe statt der Sterne zu sehen.

Viele von uns glauben, dass Träume oder große Pläne, Erfindungen und kreative Durchbrüche allein Schriftstellern, Physikern, Komponisten und Künstlern vorbehalten seien. Sie seien nichts für den Durchschnittsbürger, der keine gewöhnliche Begabung aufweist, aus keiner namhaften Familie stammt und ohne besondere Freundschaften sein Dasein fristet. Aber ich glaube nicht, dass dies auch Gottes Einstellung zu den Menschen ist. Er würde Ihnen vermutlich sagen, dass die weitsichtige Lebensführung– wie auch Mut und Disziplin – einen Charakterzug darstellt, der in jedem von uns angeregt und entwickelt werden kann. Vorausgesetzt, dass wir bereit sind zu verstehen, was dies bedeutet, und hart daran arbeiten, bis Mut und Disziplin ein Teil unseres Alltags werden. Jeder kann sich entscheiden, ob er die Gitterstäbe oder die Sterne anblicken will. Genau genommen trifft jeder Mensch die Entscheidung mehrmals am Tag.

Lösungen sehen

Man kann weitsichtige Lebensführung auf mehrere Arten definieren; ich gebe drei Definitionen an, die drei Aspekte dieser wichtigen Charaktereigenschaft beschreiben. *Erstens handelt es sich bei der vorausschauenden Lebensweise um die von Gott gegebene Fähigkeit, mögliche Lösungen für die Alltagsprobleme zu erkennen.* Menschen, die ihren Blick in die Zukunft richten, suchen nach Lösungen, nicht nach Problemen. Es besteht ein großer Unterschied zwischen diesen beiden Ausgangspositionen.

Im Lukasevangelium, Kapitel 16, Vers 1-8, können wir das Gleichnis vom klugen Verwalter nachlesen. Dieses Gleichnis ist so ungewöhnlich, dass viele Gelehrte es vorziehen würden, umzublättern und weiterzulesen, anstatt sich damit auseinander zu setzen. Der kluge Verwalter bediente sich einfallsreicher Buchhaltungsmethoden. Schließlich kam sein Vorgesetzter dahinter und entschloss sich, ihm zu kündigen. In dieser Situation sagte sich der Verwalter: »Es gibt Probleme. Ich bin im Begriff, mein monatliches Einkommen zu verlieren. Nun bin ich aber bereits zu alt, um schwere Arbeit auf mich zu nehmen, und zu stolz, um zu betteln. Irgendwie muss es doch eine Lösung geben!«

Also unternahm der Verwalter etwas zwar Unmoralisches, aber sehr Einfallsreiches: Er rief einige der Leute zusammen, die seinem Vorgesetzten Geld schuldeten. »Wie viel schuldet ihr uns?«, fragte er.

Ein Mann antwortete: »Hundert Sack Weizen.«

»Ich sage dir«, antwortete der Verwalter, »ändere du die Abschrift des Schuldscheins und ich ändere meine Eintragung. Schreibe, dass deine Schuld nur fünfzig Sack beträgt.«

»Danke«, sagte der Mann, »das ist sehr nett von dir. Lass es mich einfach wissen, wenn du einmal Mehl brauchst.«

»Keine Sorge«, entgegnete der Verwalter, »das werde ich.« Dann rief er noch zwei andere Schuldner zu sich und wiederholte sein großzügiges Angebot.

Was tat der kluge Verwalter? Er erkannte seine verlorene Lage rechtzeitig und fasste klug und schnell Entschlüsse zur Rettung seiner Existenz: Er verwandte einfach das Vermögen seines Vorgesetzten dazu, sich persönlichen Vorteil zu verschaffen. Dies versetzte ihn für die Zeit seiner Arbeitslosigkeit in die Lage, eine alternative Sicherheit zu beanspruchen. Sein Vorgesetzter erkannte sehr schnell, was er tat, und reagierte höchst ungewöhnlich: Er lobte den Einfallsreichtum und die Schlauheit seines Verwalters!

Nun haben weder Jesus noch der Vorgesetzte je Hinterlist, Unehrlichkeit oder »kreative Buchhaltung« unterstützt. Aber beide erkannten den Weitblick des Verwalters an. Als dieser mit einem ernsthaften Problem konfrontiert wurde, versteckte er sich nicht, schob niemandem die Schuld zu, griff nicht zur Flasche und sprang auch nicht von einer Brücke. Stattdessen stellte er sich dem Problem und fand einen einfallsreichen Weg, es zu lösen. Vermutlich lobte ihn Jesus, weil er nach einer Lösung suchte, sobald er sein Problem begriff.

Was ist so Besonderes daran? Sucht nicht jeder nach einer Lösung, wenn man mit einem Problem konfrontiert wird? Eigenartigerweise ist das nicht so. Je länger ich mit Menschen arbeite, desto mehr wird mir bewusst, dass die vorherrschende Tendenz nicht dahin geht, zu versuchen, die Probleme zu lösen, sondern an ihnen festzuhalten. Ein Mensch lebt glücklich, bis ihn plötzlich großes Unglück trifft – am Arbeitsplatz, in der Ehe, in der Familie, in Beziehungen, im geistlichen Leben, gesundheitlich oder wobei auch immer. Seine erste Reaktion besteht darin, dass er sich fragt: »Warum gerade ich? Warum trifft unter den vielen Milliarden Menschen auf der Erde ausgerechnet mich dieses Problem?« Er beginnt, über die Tatsache, dass ihm jetzt ein Unglück widerfahren ist, zu jammern und zu stöhnen.

Es ist noch nicht genug, dass er sich aufgrund der Situation schlecht fühlt; bald ruft er seine Freunde, um festzustellen, ob sie mit ihm über sein Unglück klagen. Er kniet sich hin und erzählt Gott in schillernden Farben von seinem Missgeschick, als ob Gott nicht wüsste, was los ist. Nachts kann er nicht schlafen, weil er an nichts anderes denken kann. Ehe er sich versieht, dreht sich sein ganzes Leben um dieses Problem. Es tritt eine Ohnmacht ein. Er hat sich dazu entschlossen, sich von seinem Problem vereinnahmen zu lassen. Weder kann er es lösen, noch sich auf andere Bereiche in seinem Leben konzentrieren. Er selbst *ist zum Problem geworden.*

Erstaunlicherweise hat er alles getan, was man bei auftretenden Schwierigkeiten machen kann, nur das, was er hätte tun sollen, hat er unterlassen: hartnäckig und entschieden nach einer Lösung zu suchen.

Nichts ist unmöglich

Die Jünger dachten einmal, sie hätten Jesus sagen hören, dass selbst anständige, aber wohlhabende Gemeindemitglieder nicht erlöst werden könnten. Wenn das wahr gewesen wäre, hätten ihre Chancen, erlöst zu werden, auch nicht besonders gut gestanden. Die Jünger, die zu diesem Zeitpunkt noch nicht erkannt hatten, um was es Jesus wirklich geht, gaben sofort alle Hoffnung auf. Sie sahen keinen Ausweg; Erlösung lag offensichtlich außerhalb ihrer Reichweite. Jesus sah sie an und erklärte ihnen: »Für Menschen ist das unmöglich, für Gott aber ist alles möglich« (Mt 19,26).

Scheint Ihr Problem größer als das Leben zu sein, vielleicht sogar größer als Gott selbst? Das ist es nicht. Gott ist unendlich viel mächtiger als irgendein Problem, das Sie je hatten oder haben werden, und jedesmal, wenn Sie ein Problem als unlösbar bezeichnen, verspotten Sie Gott. »Für Gott ist nichts unmöglich.« Menschen, die ihren Blick in die Zukunft richten, haben dieselben Probleme wie jeder andere Mensch auch; aber sie suchen lieber unverzüglich nach einer Lösung für ihre Probleme, anstatt von ihnen gelähmt zu werden. Sie scheinen beinahe unbewusst zu sagen: »Nun gut, die Lage ist kompliziert, aber kein Problem ist größer als Gott. Und ich muss gleich jetzt, ehe ich mich festfahre, einen Weg finden, es zu lösen.« Meist finden diese weitsichtigen Menschen mit Gottes Hilfe einen Weg, mit ihren Problemen fertigzuwerden, anstatt ihnen ihr Leben auszuliefern.

Das weitsichtige Planen ist eine lebenswichtige Eigenschaft, die erhalten werden muss, da das Leben tatsächlich eine Kette von Problemen, Herausforderungen, Strapazen und Enttäuschungen ist. Wenn Sie zulassen, dass Sie von Schwierigkeiten überwältigt werden, sieht Ihre Zukunft nicht sehr glänzend aus. Zunächst werden Sie um *ein* Problem kreisen und bald schon um das nächste. Sie werden Ihr ganzes Leben damit zubringen, sich im Kreis zu drehen und Ihr Dasein zu verfluchen. Wenn Sie dagegen die vorausschauende Lebensführung fördern und jedesmal, wenn Sie mit einem Problem konfrontiert werden, sofort nach Lösungen suchen, werden Sie nicht nur jede Form der Entmutigung zurückweisen, sondern auch entdecken, wie viel Einfallsreichtum und Weisheit Gott seinen Kindern, die bei ihm Hilfe suchen, geben möchte. Wie oft unterschätzen wir Gott, zweifeln an seiner Fähigkeit, uns in unseren Alltagsproblemen beizustehen!

Vor einigen Jahren sprach mich eine Frau nach dem Gottesdienst an. Ich wusste, dass sie sich seit langem über etwas Sorgen machte, also forschte ich nach, bis sie gestand: »Wissen Sie, meine Arbeit hängt mir zum Hals heraus.«

»Was tun Sie dagegen?«, fragte ich.

»Nun, ich kann nichts dagegen tun«, antwortete sie.

»In Ordnung«, meinte ich, »lassen Sie mich Ihnen eine ›Hausaufgabe‹ geben: Gehen Sie an einen ruhigen Ort. Nehmen Sie sich Papier und

Bleistift und schreiben Sie fünf mögliche Lösungen für Ihr Dilemma auf.« Um ihr den Anfang leicht zu machen, gab ich ihr zwei der fünf Lösungen, die mir gerade einfielen. Ich kann mich noch an ihren Blick erinnern, als ich das tat – eine Mischung aus Hohn und Schock. Diese Frau hatte sich so lange ihrem Problem ausgeliefert, dass sie vergessen hatte, dass sie etwas unternehmen konnte, um es zu lösen.

Vier Schritte, um ein Problem zu lösen

Vielleicht sagen Sie sich: »Nun, offensichtlich ist Bill Hybles nie in meiner Situation gewesen. Wenn meine Probleme so leicht gelöst werden könnten, hätte ich es gleich am Anfang getan.« Ich muss zugeben, dass ich nicht in Ihrer Situation stecke. Ich kenne Ihren Chef nicht, auch nicht Ihre Frau, Ihr Kind, Ihre Freunde oder Ihren Arzt. Aber ich habe genau wie Sie einige riesige Probleme, die aus menschlicher Sicht unlösbar sind. Aber ich möchte weder Jammerpartys veranstalten, noch an Problemen festhalten. Ich werde nun beschreiben, was ich mit Gottes Gnade und der Hilfe vieler anderer Menschen unternehme, wenn ich mich einem Problem stelle. Diese vier praktischen Schritte können Ihnen auch dann helfen, wenn Ihre Probleme unlösbar scheinen.

Zuerst möchte ich die Passage aus dem Matthäusevangelium, Kapitel 19, Vers 26 wiederholen: »Für Menschen ist das unmöglich, für Gott aber ist alles möglich.« Ich kenne diesen Text seit langem, aber ich muss ihn auf jedes neue Problem, das sich mir in den Weg stellt, anwenden. Wenn es unmöglich zu sein scheint, eine Lösung zu finden, ist die Glaubwürdigkeit dieser Aussage gefährdet. Weil ich jedoch weiß, dass Gott größer ist als mein Problem, halte ich hartnäckig am Herrn fest.

Zweitens gehe ich an einen Ort, an dem ich ungestört sein kann, und nehme mir eine andere Schriftstelle vor. Im ersten Kapitel des Jakobusbriefes, Vers 5 steht: »Fehlt es aber einem von euch an Weisheit, dann soll er sie von Gott erbitten; Gott wird sie ihm geben, denn er gibt allen gern und macht niemand einen Vorwurf.« Ich verlange von mir, daran festzuhalten, dass Gott dieses Versprechen auch in meinem Fall einlöst. Wenn ich in eine Situation gerate, in der es mir schwer fällt, daran zu glauben, tue ich trotzdem so, als ob ich es bereits könnte. Ich sage mir: »Ich werde so handeln, als wäre das Versprechen wahr.« Ich sage zu

Gott: »Ich werde einen Weg gehen und ihn so lange verfolgen, bis ich spüre, dass du mein Gebet um Weisheit gehört hast und ich weiß, dass du mir helfen wirst, eine Lösung für dieses Problem zu finden.« Manchmal sind diese Wege lang, aber am Ende finde ich mein Vertrauen wieder.

Drittens treffe ich mich mit anderen Christen, von denen ich weiß, dass sie mir bei der Lösung meines Problems helfen können. Ich möchte mich nicht mit Menschen treffen, die nur Mitleid zeigen. »Armer Bill, was hat er nur für ein schreckliches Problem.« Das hilft mir nicht. Eine Zeit lang tut es gut, aber wenn ich am nächsten Tag aufwache, ist das Problem immer noch da, und zwar überlebensgroß. Ich treffe mich also mit Menschen, die mir sagen können, wie sie ähnliche Probleme in der Vergangenheit gelöst haben.

Nach intensivem Gebet schreibe ich auf, was meiner Ansicht nach die vier oder fünf besten Lösungen für mein Problem wären. Dann beginne ich, im Glauben den Weg einer dieser Lösungen zu gehen – im Vertrauen, dass Gott einige Türen verschließt und andere öffnet. Mir zittern oft die Knie, wenn ich diese ersten Schritte mache, aber lieber gehe ich mit Furcht voran, als in einer schlechten Situation steckenzubleiben.

Gleichgültig, in welchem Bereich Sie ein Problem haben, ob mit Freunden, in der Ehe, finanziell, geistlich, emotional, beruflich – Sie können eine Lösung finden, wenn Sie nur bereit sind, Ihren Blick in die Zukunft zu richten. Vertrauen Sie auf das Versprechen, dass für Gott nichts unmöglich ist. Bitten Sie ihn um Weisheit. Besprechen Sie Ihre Situation mit weisen Freunden. Treffen Sie einige Entscheidungen und verfolgen Sie diese im Vertrauen auf Gott. Es wird Ihrem Leben eine entscheidende Wende geben, wenn Sie auf dem Weg zu einer Lösung sind.

Ein Blick hinter die Kulissen

Diese vorausschauende Lebensführung dient natürlich nicht nur dazu, Probleme zu lösen. Eine zweite Definition dieser Art von »visionärer« Voraussicht ist folgende: *Bei der vorausschauenden Lebensführung besteht die Fähigkeit darin, hinter die Masken der Menschen zu blicken.*

Menschen mit dieser Fähigkeit wissen, dass es sich lohnt, ein wenig genauer hinzusehen, um zu erkennen, was andere Menschen bewegt.

Die meisten von uns sind erstaunlich begabt, Äußerlichkeiten an anderen festzustellen. Sie sagen beispielsweise: »Der ist arrogant (oder talentiert, egoistisch, eitel).« Ihre Freunde pflichten Ihnen bei: »Das habe ich auch schon festgestellt.« Sie lächeln sich zustimmend an und machen eine Bemerkungen über Ihrer beider Scharfblick. Dennoch handelt es sich bei allem, was Sie *gesehen* haben, nur um Äußerlichkeiten. Vorausschauende Menschen begnügen sich nicht damit – das ist ihnen zu wenig. Sie blicken ins Innere; sie wenden ihren Blick auf die Einzigartigkeit des anderen. Sie schauen auf das Herz, den Charakter, die Hoffnungen und Ängste, die das Verhalten des anderen prägen.

Jesus bewies diese Eigenschaft, als er Simons Name änderte. Alles, was den anderen bei Simon auffiel, war seine impulsive Art, seine Aggressivität und seine Feigheit. Aber Jesus blickte bis hinein in den Kern und sah verborgene Möglichkeiten, von denen sonst niemand wusste. Simon verfügte über Willensstärke – eine Eigenschaft, von der selbst er nicht einmal wusste, dass er sie besaß. Jesus gab ihm den neuen Namen *Petrus*. Dies bedeutet im Griechischen »Fels« oder »Säule«, es handelt sich also um etwas, auf dem man ein großes Gebäude bauen kann. »Auf diesen Fels«, sagte Jesus, »werde ich meine Kirche bauen, und die Mächte der Unterwelt werden sie nicht überwältigen« (Mt 16,18). Können Sie sich den Schrecken in den Gesichtern der anderen Jünger ausmalen, als sie das hörten? Aber Petrus wurde tatsächlich zur tragenden Säule (vgl. Gal 2,9). Er, der angesehene Leiter, wurde der Gründer der Gemeinde in Rom. Seine Karriere als Leiter geht auf die Weitsichtigkeit Jesu zurück, auf seine Bereitschaft, nicht bei den äußerlichen Charaktereigenschaften stehen zu bleiben, sondern auf Petrus wahres Ich zu blicken.

Eines meiner Lieblingsbibelzitate steht in Sprichwörter, Kapitel 20, Vers 5: »Ein tiefes Wasser sind die Pläne im Herzen des Menschen, doch der Verständige schöpft es herauf.« Der Mensch ist mehr als nur ein mehr oder weniger schönes Äußeres, aber erst eine Person, die erkannt hat, um was es Gott wirklich geht, kann dieses wertvolle Innere ans Licht bringen.

Menschen, die mit ihren (inneren) Augen den Dingen auf den Grund gehen, haben die wichtige Mission, im Leben anderer einen Auftrag zu erfüllen. Sie sehen mehr als nur das Augenscheinliche, sie sehen das Verborgene und versuchen, die Größe zur Entfaltung zu bringen, die Gott jedem Menschen zugeteilt hat. Wir brauchen vorausschauende *Eltern* – Mütter und Väter, die ihre Kinder gewissenhaft beobachten, die sehr viel beten und aufmerksam mit ihnen sprechen, um die Einzigartigkeit jedes Kindes zu entdecken und zu fördern. Wir brauchen weitsichtige *Ehepartner*. Das Äußere an unserem Ehepartner stellt für uns kein Problem dar. Wir müssen jedoch die Oberfläche durchdringen und so lange suchen, bis wir die verborgenen Schätze im Innern unseres Partners finden.

Wir brauchen *Geschäftsleute* mit einem richtigen Gespür für die wirtschaftliche Entwicklung, die ihre Angestellten wie Menschen behandeln und gewissenhaft versuchen, Menschen mit einzigartigen Fähigkeiten in den entsprechenden Abteilungsbereichen verantwortlich einzusetzen. In der Kirche benötigen wir vorausschauende *Jünger*, reife Christen, die mehr als nur Fehltritte und den Ehrgeiz junger Gläubiger bemerken und sagen: »Ich sehe dort eine versteckte und nicht genutzte Fähigkeit, die ich hervorholen werde.« Wir haben auch solche *Evangelisten* nötig, die Ungläubigen tief in die Augen blicken können, die keine Zeit für Jesus haben, und dann zu diesen sagen: »Ich bin gespannt, was die verändernde Kraft Christi in deinem Leben bewirken kann!«

Diese »Sichtweise«, die uns einen Einblick in das Innere des Menschen gewährt, kann zur Entfaltung gebracht werden. Es braucht Zeit – Zeit der eingehenden Betrachtung des unbekannten Charakters, aufmerksame Gespräche, beständiges Gebet um Einsicht und stilles Nachdenken. Es erfordert auch Mut, denn es ist möglich, dass der Heilige Geist uns auffordert, an einem Menschen etwas positiv hervorzuheben, was sonst niemand sieht.

Mit Gottes Augen sehen

Ich werde nun eine dritte Definition für eine vorausschauende Lebensführung geben, deren Formulierung mir mehr Schwierigkeiten bereitet, weil sie mit meinem eigenen Weg an Gottes Seite etwas zu tun hat. Ich bin mir nicht ganz sicher, wie sie realisiert werden kann, auch weiß ich nicht immer, wie man sie einsetzen kann, aber ich weiß, dass diese dritte Form wichtig ist. *Eine Vision ist in diesem Zusammenhang ein Aufleuchten dessen, was Gott durch unser Leben bewirken möchte, wenn wir uns ihm völlig anvertrauen.*

Als Mose die Schafe und Ziegen seines Schwiegervaters hütete, sprach Gott aus einem Dornbusch zu ihm: »Ich brauche einen Leiter, um eine lebenswichtige, aber schwierige Aufgabe für mein Volk durchzuführen.«

Aber Mose war nicht sehr mutig: »Hier bin ich, Herr – sende meinen Bruder. Er ist der Begabtere von uns beiden. Er kann beeindrucken. Er vermag in der Öffentlichkeit zu sprechen.« Zu diesem Zeitpunkt hatte Mose noch nicht erkannt, wie Gott ihn gebrauchen könnte.

Ich muss zugeben, dass ich dasselbe Problem wie Mose habe. Ich betrachte mich im Spiegel und sage: »Ich bin nicht der Mensch, durch den Gott Wunder wirkt.« »Geistige Größe« ist nicht unbedingt ein Kennzeichen meines Lebens. Um mich herum ist keine dramatische Aura. Ich fühle mich meistens sehr durchschnittlich und oft frage ich mich, ob ich überhaupt von Bedeutung bin.

Aber von Zeit zu Zeit – ich möchte nicht vorgeben, dass dies oft geschähe –, wenn ich mich der Führung Gottes anvertraue, scheint der Heilige Geist mir zuzuflüstern: »Bill, nimm deine Scheuklappen ab. Wo bleibt dein Durchblick? Du bist nicht viel, aber Gott ist alles. Und du bedeutest ihm viel. Warum glaubst du nicht an das, was du doch predigst? Gott hat Freude daran, törichte Menschen einzusetzen, um kluge Menschen zu verwirren. Er liebt es, schwache Menschen zu beauftragen, starke Menschen in Erstaunen zu versetzen. Und er würde besonders gern dich losschicken, wenn du nur glauben würdest, dass nichts unmöglich ist.«

An irgendeinem Punkt in Ihrem Leben müssen Sie schon einmal gespürt haben, dass Gott sagte: »Ich möchte dich auf eine bedeutsame Art und Weise im Leben einsetzen. Es ist Zeit, eine neue Richtung einzuschlagen. Ich möchte deine Berufung ändern, weil du mir etwas bedeutest. Ich habe große Pläne für dich und ich werde in deinem Leben wirken. Du musst nur deine Scheuklappen abnehmen, dann werde ich dich einsetzen.« Einen kurzen Augenblick spürten Sie Ihr Herz flattern und Sie dachten: Vielleicht war das Gottes Stimme. Aber dann, anstatt die

Sterne zu sehen, richteten Sie Ihren Blick auf die Gitterstäbe. Beim Anblick dieser stählernen Zeugen, die unmissverständlich und kalt auf die Wirklichkeit des Gefängnisaufenthaltes hinwiesen, würgten Sie Ihre Stimme ab. Sie verschlossen Ihre Ohren vor der Stimme Gottes und sagten: »Ich glaube, ich bleibe in meiner Zelle.« Ich bin davon überzeugt, dass diese Einstellung so ziemlich in allem dem Wesen Gottes widerspricht.

Ich kann Sie nicht bitten, etwas zu machen, das ich selbst nicht tun möchte, deshalb versuche ich, immer bereitwillig zu sagen: »Gott, hier bin ich. Handele durch mich. Führe mich. Wenn du etwas Bedeutsames für mein Leben geplant hast, kannst du auf mich zählen. Ich werde dir folgen, so gut ich kann – mit zittrigen Knien, aber im Vertrauen. Ich will die Sterne sehen, nicht die Gitterstäbe. Ich will, dass ich lerne, immer besser zu erkennen, was du willst.«

Kapitel 5

Ausdauer – Fluchtgedanken überwinden

Wenn Sie auf die letzten zehn Jahre Ihres Lebens zurückschauen – was wünschten Sie, dass Sie *nicht* aufgegeben hätten?

- Wünschten Sie, Sie hätten die weiterführende Schule, die Fachhochschule oder die Universität beendet?
- Wünschten Sie, Sie hätten weiter Gesangs-, Tanz-, Klavier- oder Skiunterricht genommen?
- Wünschten Sie, Sie wären bei dieser schlecht bezahlten Arbeitsstelle geblieben, die dennoch große Aufstiegsmöglichkeiten geboten hätte?
- Wünschten Sie, Sie hätten weiter an Ihrer Beziehung zu Ihrem ersten (Ehe-)Partner gearbeitet?
- Wünschten Sie, Sie hätten diese alte Freundschaft aufrechterhalten, die zerbrach, als es Probleme gab?
- Wünschten Sie, Sie hätten Gott nicht aufgegeben?

Die meisten von uns neigen dazu, nicht länger als nötig über unsere Fehler nachzudenken, und selbst die Bibel weist uns an, nicht in der Vergangenheit zu leben (vgl. Phil 3,13-14). Doch gelegentlich lohnt es sich, über den hohen Preis nachzudenken, den es kostet, wenn man etwas aufgibt. So viele Menschen leben mit Narben oder offenen Wunden in ihrem Inneren, weil sie etwas oder jemanden aufgegeben haben. Es gibt so viele, die auf ihr Leben zurückschauen, ihren Kopf schütteln und sich fragen: »Warum habe ich so schnell aufgegeben?«

Die Antwort liegt auf der Hand: Es ist unendlich viel leichter, aufzugeben als durchzuhalten. Es ist einfacher, nach draußen zu gehen und zu spielen, als Tabellen für die Schule zu lernen. Es ist bequemer, nach der Arbeit fernzusehen, als einen Abendkurs an der Volkshochschule zu belegen. Es ist unkomplizierter, während eines Streits aus dem Zimmer zu gehen, als zu bleiben und den Konflikt auszutragen. Es ist mit weniger Mühe verbunden, am Sonntag im Morgenmantel Zeitung zu lesen und Kaffee zu trinken, als seine Familie ins Auto zu packen und sich durch den Verkehr zu kämpfen, um in die Kirche zu gehen. Es ist einfacher, das zu tun, was man selbst mit seinem Leben vorhat, als vor Gott niederzuknien, ihm die Fäden in die Hand zu geben und geduldig, erwartungsvoll und manchmal qualvoll darauf zu warten, dass er einen führt. Es ist leichter, die Nachfolge Jesu Christi aufzugeben, als den schmerzhaften Prozess täglicher Hingabe auf sich zu nehmen.

Sie werden mir sicher beipflichten, dass es fast immer leichter ist, aufzugeben als durchzuhalten. Das Aufgeben fordert jedoch einen hohen Preis und viele von uns mussten teuer dafür bezahlen, dass sie zu früh aufgegeben haben.

»Hauptgewinn« Ausdauer

Stellen Sie sich vor, man könnte während der Osterwoche im Lotto anstelle der üblichen Millionen eine Charaktereigenschaft als Hauptgewinn erhalten. Die Schlangen an den Annahmestellen sind kürzer als üblich, aber immer noch zahlen Tausende ihr Geld bei dem Gewinnspiel ein.

Wenn der Zeitpunkt gekommen ist, an dem die Gewinner bekanntgegeben werden, hören dann die gespannten Radiohörer und Fernsehzuschauer im ganzen Land, dass der vierundvierzigjährige, glatzköpfige Kaufhausangestellte aus Köln die Charaktereigenschaft Ausdauer gewonnen hat. Und er – nennen wir ihn Hermann – tritt vor, tut so, als sei er aufgeregt, steht zwei Tage lang im Mittelpunkt von Fernsehkameras und Reporterfragen und geht dann wieder ohne Aufsehen zurück an seine Arbeit im Kaufhaus.

Werfen wir zehn Jahre später einen Blick auf Hermann und sehen nach, wie es ihm ergangen ist. Wir fragen ihn nach seinem Hauptgewinn und er antwortet mit einem breiten Lächeln: »Wissen Sie, damals glaubte ich nicht daran. Ich war sogar ziemlich wütend, dass dieses eine Mal, als ich die richtigen Zahlen getippt hatte, eine Charaktereigenschaft als Gewinn statt eines Schecks über sieben Millionen Mark ausgeschrieben war. Ich arbeitete zu diesem Zeitpunkt mit vierundvierzig Jahren immer noch zu einem Mindestlohn, weil ich ständig die Arbeitsstelle wechselte. Ich nehme an, ich wollte immer sofort eine Beförderung oder leicht verdientes Geld, und so gab ich jedesmal auf, wenn sich Schwierigkeiten einstellten.

Aber seit mir Ausdauer geschenkt wurde, ist das anders. Ich bin nun seit zehn Jahren bei diesem Kaufhaus, gebe mein Bestes, ganz gleich, welche Arbeit mir zugeteilt wird, und ich bin schon einige Male befördert worden. Jetzt bin ich stellvertretender Geschäftsführer. Ich bin zwei Jahre lang zum Abendgymnasium gegangen und habe meinen Schulabschluss nachgeholt. Das wäre früher nie möglich gewesen – ich hätte nach dem zweiten Kurs aufgegeben. Aber ich habe durchgehalten, weil ich jetzt über Ausdauer verfüge, und ich bin wirklich stolz auf diesen Abschluss. Ausdauer hat sich auch in meiner Ehe sehr bewährt, die zu dem Zeitpunkt des Lottogewinns fast völlig ruiniert war. Und meine Frau und ich kommen jetzt seit mehreren Jahren gut miteinander aus. Ich hatte auch Gott so ziemlich aufgegeben, begann aber dennoch meine Suche von neuem und habe jetzt ein aufregendes geistliches Leben. Zum ersten Mal in meinem Leben fühle ich mich – dank der Ausdauer – gut.«

Er sagt abschließend: »Wenn ich zurückschaue, erkenne ich, dass mich ein 7-Millionen-Mark-Scheck dazu befähigt hätte, alles aufzugeben. Wahrscheinlich hätte das meine Würde, vielleicht sogar mein Leben zerstört. Aber die Ausdauer hat mich zu einem erfolgreichen, glücklichen Menschen gemacht.«

Das Zeitalter des Moments

Im Jakobusbrief, Kapitel 1, Vers 12 heißt es: »Glücklich der Mann, der in der Versuchung standhält. Denn wenn er sich bewährt, wird er den Kranz des Lebens erhalten [...].«

Wir verwenden viel Energie darauf, Versuchungen aus dem Weg zu gehen, doch eigentlich sollten wir Gott für die Versuchung danken. Die Not hilft uns dabei, Ausdauer zu entwickeln, und Ausdauer ist eine starke Waffe der »Charakterausrüstung«.

Aber auch Ausdauer steht auf meiner Liste der »gefährdeten Charaktereigenschaften«, weil wir in einem »Zeitalter des Moments« leben. »Zeitalter des Moments« – ein scheinbarer Widerspruch, oder? Heutzutage wollen wir bekannt sein, Erfolg haben, schnelle Entwicklungen und Lösungen sehen, Eheglück und sogar geistliche Reife über Nacht finden. Wenn unsere Erwartungen nicht im Nu erfüllt werden, neigen wir sehr stark dazu, aufzugeben. Dies trifft vor allem auf die Menschen zu, die nicht älter als fünfundvierzig Jahre sind. In den sechziger Jahren sind wir die »Generation des Augenblicks« genannt worden und daran hat sich seither nichts geändert. Wir geben die Arbeitsstelle, Erziehungsprogramme, Freundschaften und die geistliche Suche vorzeitig auf. Selbst wenn wir Christen sind, probieren wir oft gar nicht erst aus, was er wirklich für unser Leben vorgesehen hat. Wir geben sehr leicht auf und zeigen keinen starken Willen, weil wir nicht begriffen haben, was Ausdauer ist. Aber Ausdauer ist notwendig, um den Herausforderungen des Lebens standzuhalten.

Ausdauer stärkt den *Mut*. Es ist gut, sich fünfzehn Minuten lang mutig einzusetzen, aber das reicht nicht aus, um im Leben durchzuhalten. Ausdauer unterstützt die Durchsetzungskraft der *konsequenten Erziehung*. Es ist wichtig, das Prinzip des Vergnügens, das sich später einstellt, zu verstehen und langfristige Entscheidungen zu treffen, aber dabei handelt es sich nicht um einmalige Handlungen. Ausdauer bewirkt, dass die *vorausschauende Lebensführung* verwirklicht werden kann. Ohne Ausdauer ist sie nichts weiter als ein Hirngespinst. Ausdauer ist eine der unentbehrlichsten Charaktereigenschaften, aber man wird sie niemals in der Lotterie gewinnen. Man kann sie weder kaufen, noch über sie verhandeln. Wie kann man sie dann entwickeln?

Es wird mir zu viel – ich möchte aufgeben

Sie entwickeln Ausdauer, indem Sie lernen, die gefährdeten Augenblicke zu überwinden, in denen Sie am liebsten aufgeben würden. Wenn Sie joggen, wissen Sie, welche Augenblicke gemeint sind. Es passiert in der zwanzigsten Runde: Man bekommt Seitenstiche, die Füße werden bleischwer, die Kehle brennt und der Verstand signalisiert: »Hör auf! Genug! Lauf keine Runde mehr, auch keine halbe Runde – nicht einmal mehr einen Schritt!« Man ist körperlich an dem Punkt angelangt, an dem man am liebsten aufgeben würde.

Auch in der Arbeitswelt kommt so etwas vor, wenn der Druck zunimmt, weil ein Termin näher rückt. Es wird einem schon schwindlig, weil man sich vor Arbeit kaum noch retten kann, und da kommt plötzlich der Chef herein und gibt einem eine zusätzliche Aufgabe. Man denkt: Das war's! Ich kann das keinen Augenblick länger aushalten. Ich werde meine Kündigung schreiben, sie auf den Tisch schmeißen und gehen. Das ist der Augenblick im Berufsleben, in dem man am liebsten aufgeben möchte.

Aber auch in zwischenmenschlichen Beziehungen gibt es solche Situationen: Zum zehnten Mal streitet man sich bereits mit dem Ehepartner über ein und dasselbe Problem. Es gibt große Meinungsverschiedenheiten; seit Wochen hat sich eine Spannung aufgebaut. Dann sagt der Ehemann die magischen Worte, die das Fass zum Überlaufen bringen. Die Gefühle gehen mit beiden durch. Vehement scheinen die verletzten Gefühle ihnen mitzuteilen: »Hör auf, lauf nach draußen und ruf den Rechtsanwalt an – das ist es nicht mehr wert.« Das ist der Augenblick in der Ehe, in dem man am liebsten aufgeben möchte.

Solche Konfliktsituationen gibt es auch, wenn Sie sich bemühen, einen bestimmten Charakterzug zu entwickeln: Sie versuchen zum Beispiel, von einem bestimmten negativen Verhalten loszukommen, und jemand, den Sie schätzen, macht sich über Ihre Ideale lustig. Sie fragen sich: »Warum soll ich eigentlich weiterkämpfen, wenn es ohnehin niemanden interessiert? Warum soll ich nicht einfach die vorherrschende Moral annehmen?« Da ist er wieder, der Punkt – diesmal im Bemühen um ein moralisch verantwortliches Verhalten –, an dem man am liebsten aufgeben möchte.

Selbst auf Ihrem Weg an der Seite Gottes kommt so etwas vor. Sie haben sich seiner Führung anvertraut und bedeutende Veränderungen in Ihrem Leben erfahren. Sie wissen, dass er Sie den richtigen Weg führt, aber er stellt einige große Anforderungen an Sie und mit einem Mal wissen Sie nicht, ob Sie ihm oder lieber sich selbst vertrauen sollen. Keiner macht das, denken Sie, sollte ich der Einzige sein, der so verrückt ist, Gott sein Leben anzuvertrauen? Dann durchleben Sie Misserfolge, menschliche Ablehnung oder Verachtung und sagen sich: »Das war's dann, Herr! Ich gehe nicht einen Schritt weiter. Du verlangst mehr, als ich geben kann.« Das ist der Augenblick im geistlichen Leben, an dem man am liebsten aufgeben möchte.

Wohltuende Erleichterung

Es gibt noch viele andere Augenblicke, in denen man aufgeben möchte – bei der Erziehung, bei Freundschaften oder wenn das Gefühlsleben oder die eigene Psyche in Aufruhr sind. Bei fast allen Dingen, die man unternimmt, wird man an einen Punkt kommen, an dem das Einzige, woran man noch denken kann, das Erleichterung versprechende Aufgeben ist. Und genau diese Geisteshaltung wird nach meiner Ansicht im heutigen Denken häufig unterstützt.

Vielleicht beeindruckt die Ausdauer nicht sehr, doch macht es mich fast wahnsinnig, wenn im Fernsehen dieses schnelllebige Verhalten verherrlicht wird. Stellen Sie sich bitte folgenden Film vor: Es herrscht eine gereizte Stimmung am Arbeitsplatz, weil es zu Meinungsverschiedenheiten zwischen Angestelltem und Vorgesetztem gekommen ist. Die spannungsreiche Hintergrundmusik kündigt den Höhepunkt an: Beide verlieren die Nerven. Die Kamera zeigt den Angestellten in Nahaufnahme und man kann sehen, wie auf seiner Stirn die Adern hervortreten. Ein Moment der Stille – und dann verkündet seine Stimme: »Ich kündige!« Die Musik wird sehr laut, als er er hinausstürmt und die Tür hinter sich zuknallt. Werbeunterbrechung. Während die Sponsoren der Sendung ihr Loblied auf ein bestimmtes Bier oder ein Mittel gegen Sodbrennen singen, seufzen die Zuschauer im ganzen Land und sagen: »Das ist genau das, was ich eines Tages mit meinem Chef machen will: ihm die Meinung sagen und vor der versammelten Mannschaft kündigen.«

Oder eine andere Filmsituation: Ein Mann und seine Frau haben Meinungsverschiedenheiten. Die Spannung steigt. Der Höhepunkt der Auseinandersetzung findet seinen Ausdruck, als die Frau ihren Mann plötzlich ins Gesicht schlägt. Genau in diesem Augenblick hört der Zuschauer das Schmettern der Becken. Nun macht die wütende Frau auf dem Absatz kehrt, stürmt hinaus und knallt die Tür hinter sich zu – genau wie der Angestellte in dem anderen Film. Und die Hälfte der Frauen des Landes, in dem der Film gesendet wird, sagen: »Das ist es, was ich tun will, Johannes, hol schon mal die Koffer vom Speicher. Ich werde mit deinem Vater reden. Diesmal werde ich ihm sagen, dass er verschwinden soll.«

Wenn wir uns solche Filme anschauen, denken wir nicht daran, dass der Mann in dem ersten Streifen jetzt arbeitslos ist, die Frau im zweiten Film geschieden und der kleine Johannes darüber hinaus keinen Vater mehr hat. Alles, was wir sehen, ist der Zauber, die wohltuende Erleichterung, wenn man alles hinwirft und geht. Aber Gottes Wahrheit hält sich nicht mit diesem falschen Kitschglauben auf. Gott sagt, dass es sich genau umgekehrt verhält. »Glücklich der Mann, der in der Versuchung standhält« (Jak 1,12). »Wer jedoch bis zum Ende standhaft bleibt, der wird gerettet« (Mt 24,13). In der Welt Gottes sollen mit den Scheinwerfern und dem Trommelwirbel nicht diejenigen verherrlicht werden, die aufgeben, sondern die anderen. Die Standhaften nämlich, die selbst wenn sie das Gefühl haben, keinen Schritt mehr machen zu können, die Zähne zusammenbeißen und sagen: »Mit Gottes Hilfe werde ich weitergehen.« Das ist der Augenblick, in dem die himmlischen Chöre zu singen beginnen und die Scheinwerfer eingeschaltet werden. Genau dann werden durchschnittliche Menschen wie Sie und ich aus Gottes Sicht außergewöhnlich. In diesem Moment spüren Sie wahrscheinlich keine große Unterstützung. Sicher werden Sie die Engel nicht singen hören oder das himmlische Scheinwerferlicht verspüren. Aber wenn Sie Ihren Weg mit dem Herrn gehen, werden Sie den Heiligen Geist flüstern hören: »Glücklich, die auf Gottes Kraft vertrauen, die der Versuchung standhalten und die Augenblicke, in denen sie am liebsten aufgeben würden, durchstehen – sie werden die Krone des Lebens erhalten.«

Geschafft!

Wenn Sie gerade jetzt an einem Punkt stehen, an dem Sie aufgeben möchten, kalkulieren Sie sorgfältig Ihren Verlust, ehe Sie das Handtuch werfen. Die Kapitulation ist nicht immer eine glänzende Idee. Sie fördert nicht unbedingt Ihre Charakterbildung. Gott segnet sie nicht. In den meisten Fällen werden Sie es Ihr Leben lang bereuen. Aber wenn Sie an einem solchen Punkt angelangt sind, an dem Sie am liebsten aufgeben möchten, und dieses Hindernis dann – im Vertrauen auf Gottes Kraft – überwinden, haben Sie begonnen, Ausdauer in Ihrem Leben zu verankern.

Vielleicht befinden Sie sich in Ihrem Beruf an diesem Punkt. Sie wollen im Handumdrehen Zufriedenheit, Erfolg und Erfüllung und bekommen nichts davon. Glauben Sie ernsthaft, dass Sie diese Dinge woanders bekommen werden? Einer meiner Kollegen sagte letzte Woche zu mir: »Ich bin sicher, dass es mindestens fünfzig Augenblicke gegeben hat, in denen ich diese Stelle hier aufgeben wollte. Ich bin dankbar, dass ich es mit Gottes Kraft nicht gemacht habe, da ich jetzt hier glücklicher und erleichterter bin, aber auch eine aufregendere Arbeit habe, als ich mir je erträumt habe. Ich bin froh, dass ich geblieben bin.«

Vielleicht sind Sie auch soweit, Ihre Ehe aufgeben zu wollen. Es ist mir unangenehm, das zuzugeben, aber am Anfang unserer Ehe war dies manchmal ein verlockender Gedanke – und glauben Sie mir, es war nicht Lynnes Schuld. Glücklicherweise war Gott gnädig. Andere Menschen ermutigten uns, an unserer Ehe zu arbeiten, und der Heilige Geist verbrachte »Überstunden« mit uns. Jetzt hat sich unsere Ehe nach all der Korrektur, dem Zurechtstutzen, Abschleifen und Formen Gottes bewährt. Manchmal schaue ich Lynne an und sage: »Oh Gott, ich wäre so dumm gewesen, wenn ich diese Ehe aufgegeben hätte!«

Möglicherweise sind Sie geistlich an einem Punkt angekommen, an dem Sie aufgeben wollen. Sie gehen seit Wochen, Monaten oder sogar Jahren zur Kirche und noch immer ist Ihnen nicht klar, wer Jesus Christus ist. Sie fragen sich noch immer, warum es Ihnen vorkommt, als würde niemand zuhören, wenn Sie beten. Dennoch besagt Gottes Wort, dass »[...] er denen, die ihn suchen, ihren Lohn geben wird« (Hebr 11,6). »Sucht ihr mich, so findet ihr mich. Wenn ihr von ganzem Herzen nach mir fragt, lasse ich mich von euch finden – Spruch des Herrn« (Jer 29,13-14). Diese Versprechen gelten für Sie!

Vielleicht sind Sie viele Jahre lang Ihren Weg mit Gott gegangen, sind des Kämpfens müde und haben die Verantwortung und Mühe der Leiterschaft satt. Es ist verlockend, auf Autopilot umzuschalten und ein Zuschauer anstelle eines Leiters oder Dieners zu werden. Aber wollen Sie wirklich den positiven Einfluss, den Sie auf andere Menschen ausüben, und die Möglichkeit, dem Reich Gottes zu dienen, aufgeben?

Vielleicht gibt es sogar so viele Punkte in Ihrem Leben, an denen Sie aufgeben wollen, dass Sie Selbstmordgedanken haben. Aber Selbstmord ist nicht die Lösung. Gott ist größer als alle Probleme, die Sie haben. Die Lösung besteht darin, sich seiner Führung anzuvertrauen und sich zu öffnen, damit Ihr Leben eine neue Wende erfahren kann.

Was auch immer der Grund sein sollte, warum Sie aufgeben wollen – ich fordere Sie auf, Gottes Wahrheit und Treue zu prüfen. Sagen Sie einfach: »Gott, ich vertraue darauf, dass du mir die Kraft dazu gibst, diesen Punkt zu überwinden. So kann ich durchhalten und Jesus Christus immer ähnlicher werden.«

Hürdenlauf

Ausdauer ist für mich eine wertvolle Eigenschaft. Sie leistete mir unzählige Male gute Dienste, wenn ich mich an die Wand gedrückt fühlte und versucht war, meine Stellung in der Gemeinde aufzugeben. Weil mir die Ausdauer so viel bedeutet, stelle ich mir Sonderaufgaben, die dazu beitragen, sie zu stärken.

Wenn ich in der Turnhalle meine Runden laufe, lege ich von vornherein fest, wie viele ich laufen werde. Wenn ich mein Ziel erreiche, bin ich normalerweise müde und alle Muskeln schmerzen. Das ist der Augenblick, in dem ich aufhören möchte. Dann sage ich oft zu mir: »Ich laufe noch eine Runde.« In diesem Augenblick gilt es, noch eine kleine Hürde zu überspringen, um mich auf dem Weg zum Ziel – die Stärkung meiner Ausdauer – einen Schritt weiter zu bringen.

Wenn ich im Urlaub am Strand bin, gehe ich gern surfen. Ich fahre immer wieder hinaus, so lange, bis meine Arme brennen, meine Beine schmerzen und ich völlig erschöpft bin. Dann ermuntere ich mich: »Ich werde nur noch ein letztes Mal umdrehen und hinaussurfen.« Ich möchte mir einmal mehr beweisen, dass der Augenblick, in dem man aufgeben möchte, nicht mehr als eine kleine Hürde ist.

Wenn ich Predigten vorbereite, komme ich manchmal an den Punkt, an dem ich sage: »Das war's! Mein Kopf ist verwirrt und mir fällt kein neuer Gedanke mehr ein.« Zu diesem Zeitpunkt gehe ich dann ein paar Schritte um das Kirchengebäude und entschließe mich: »Ich werde mich noch einmal hinsetzen und es wird sich zeigen, dass dieser Punkt, an dem ich aufgegeben habe, nur noch einen Schritt vom Ziel entfernt war.«

Jedesmal, wenn Sie solch eine Hürde nehmen, beweisen Sie sich, dass diese nicht so hoch sind, wie manche Leute glauben. Mit Gottes Hilfe kann man sie überwinden. Jedesmal, wenn Sie diesen entscheidenden Moment überstanden haben, wird ein Sieg im Himmel und in Ihrem Leben errungen. Sie haben die Ausdauer in Ihrem Geist gestärkt. Das nächste Mal werden Sie – selbst wenn der Berg sehr hoch ist – bereits mehr Ausdauer haben, die Ihnen hilft, ihn zu besteigen.

Situationen, in denen wir am liebsten aufgeben würden, sind schmerzhaft – und mehr als wir ist sich Jesus dessen bewusst. Er ertrug den langen Weg bis zum Kreuz. Jedesmal, wenn ihm jemand ins Gesicht schlug oder spuckte oder die Peitsche seinen Rücken aufriss, schrie die Hölle: »Gib auf!« Als die Nägel seine Hände durchbohrten, die Zuschauer ihn verspotteten und er die Gegenwart seines Vaters nicht mehr spürte, schrie alles in seiner Seele: »Gib auf!« Aber durch die göttliche Kraft und durch den eigenen Entschluss überstand Jesus Christus – der Retter – diesen Augenblick und starb den Tod, der die Erlösung für jeden Menschen möglich machte.

Ich freue mich, dass wir einem Retter nachfolgen, der »[...] angesichts der vor ihm liegenden Freude das Kreuz auf sich genommen [...]« hat (Hebr 12,2). Ich bin froh, dass man Ausdauer lernen kann. Und ich freue mich darüber, dass der Heilige Geist jedesmal, wenn wir aufgeben wollen, sagt: »Steh es durch – ich werde dir die Kraft geben. Glaub mir, das Ziel ist nur noch einen Schritt entfernt.«

Teil II

Verschiedene Formen von Liebe

Kapitel 6

Einfühlsame Liebe – in die Haut eines anderen schlüpfen

Vor einiger Zeit bekam in unserem Wohnzimmer eine große Pflanze eine Blattkrankheit und meine Frau machte sich Sorgen, dass sie andere Pflanzen anstecken könnte. Sie entschloss sich, sie zu entfernen. Eines Morgens, als die Kinder in der Schule waren, schnitt sie alle Zweige ab und warf sie in einen Müllsack. Den großen Topf mit dem Stumpf der Pflanze ließ sie im Wohnzimmer, damit ich ihn in die Garage tragen könnte, wenn ich nach Hause kam.

Am Nachmittag kamen die Kinder ins Wohnzimmer und sahen den Topf. Unser Sohn, der damals sechs Jahre alt war, brach in Tränen aus. »Warum hast du so etwas Schreckliches getan?«, fragte er Lynne. »Musstest du die Pflanze umbringen? Und hat es der Pflanze wehgetan, als sie starb? Hättest du nicht den Arzt holen können?« Lynne benötigte eine halbe Stunde, um ihm alles zu erklären und ihn zu trösten.

Unterdessen sagte unsere neunjährige Tochter empört: »Todd, es war nur eine kranke alte Zimmerpflanze. Mach dir keine Sorgen deswegen. Ich bin froh, dass man sie abgeschnitten und von ihrem Leid befreit hat. Wirst du noch andere Pflanzen abschneiden, Mom? Brauchst du Hilfe?« Zwei Kinder aus einem Elternhaus, die das gleiche Maß an Liebe erhalten haben – jedoch war eines viel einfühlsamer als das andere.

Freunde von mir hatten einen Hund, der dreizehn Jahre lang ein treuer, zuverlässiger Begleiter der Familie war. Aber der Gesundheitszustand des Tieres hatte sich stark verschlechtert, so dass man ihn einschläfern lassen musste. Doch als sie diesen Entschluss gefasst hatten, brachten sie es nicht übers Herz, ihn auch auszuführen. Sie verschoben diesen schrecklichen Tag mehrmals. Schließlich, als alle Familienmitglieder außer dem Vater in der Stadt Besorgungen machten, entschloss dieser sich, mit dem Hund zum Tierarzt zu gehen. Er erzählte mir: »Ich nahm den Hund und trug ihn ins Auto. Während ich zum Arzt fuhr, kroch er auf den Sitz, legte seinen Kopf auf mein Bein und schmiegte sich an mich. Es fiel mir furchtbar schwer, ihn in die Praxis zu tragen. Nachdem ihn der Arzt eingeschläfert hatte, ging ich zum Parkplatz zurück und musste eine Weile warten, ehe ich zur Arbeit fahren konnte, weil mir die ganze Sache so wehtat.«

Dieser Mann arbeitete mit seinem Bruder zusammen. Als er ins Büro kam, fragte ihn sein Bruder, wo er gewesen sei. »Nun, heute war der Tag«, sagte er, »an dem ich zum Arzt musste, um den Hund einschläfern zu lassen.«

Sein Bruder erwiderte ungläubig: »Du hast einen Arzt bezahlt, um den Hund einschläfern zu lassen? Du hättest ihn zu mir bringen sollen. Ich hätte ihn getötet und mich um alles Weitere gekümmert.« Zwei Brüder, die dieselbe Erziehung genossen haben: Einer ist einfühlsam, der andere viel härter.

Einfühlsam oder ohne Mitleid?

Paulus gibt in seinem Brief an die Gemeinde in Ephesus ein paar Tips zu diesem Thema:

> »Seid gütig zueinander, seid barmherzig, vergebt einander, weil auch Gott euch durch Christus vergeben hat« (Eph 4,32).

Für viele von uns ist es nicht leicht, diesen Worten gerecht zu werden. Empfindsamkeit scheint für manche Menschen selbstverständlich zu sein, anderen hingegen ist sie fremd und schwer verständlich. Das wird beispielsweise auf Flughäfen oder in Einkaufszentren deutlich. Wenn dort eine ältere Frau mit ihrem Gepäck oder ihren Tragetaschen zu kämpfen hat, laufen viele gesunde und kräftige Menschen an ihr vorüber. Manche blicken sogar verbissen drein und drängen: »Mach schon, Oma!« Und plötzlich kommt ein rücksichtsvoller Mensch vorbei und nimmt sich Zeit, ihr zu helfen.

Durch das Beispiel des barmherzigen Samariters macht Jesus deutlich, dass ein religiöser Mensch nicht zwangsläufig auch einfühlsam ist (vgl. Lk 10,30-37). Der Priester und der Levit gingen an dem verletzten Reisenden auf der gegenüberliegenden Straßenseite vorüber, da sie nichts mit ihm zu tun haben wollten. Aber ein Nichtgläubiger – ein Samariter – leistete Hilfe, weil er Mitleid hatte.

Es gibt viele Gründe dafür, warum einige Menschen einfühlsam, andere hingegen härter sind. Zum Teil ist das wohl Gottes Werk. Er hat jeden von uns anders gemacht. Hinzu kommen Familienerbe, Persönlichkeit, Temperament, Reaktion auf Lebenserfahrungen und so weiter. Sowohl Mitgefühl als auch Härte sind wichtige Charaktereigenschaften; beide sind wichtige Bestandteile der Liebe.

Ich widme dieses Kapitel den Menschen, denen von Natur aus Einfühlungsvermögen fehlt – so wie mir. Ich möchte Ihnen zeigen, dass auch Sie lernen sollten, freundlich und warmherzig zu sein, wenn Sie Christus ähnlich werden wollen. Das folgende Kapitel ist den mitfühlenden Christen gewidmet, die etwas von der beharrlichen Liebe lernen müssen. Es ist für diejenigen gedacht, die lernen müssen, auch dann die Wahrheit zu sagen, wenn es wehtut – und den Mund überhaupt aufzumachen, wenn im Leben grundsätzliche Fehler gemacht werden. Die Unnachgiebigen müssen Empfindsamkeit und die Empfindsamen Unnachgiebigkeit lernen. Es sind beides wichtige Bestandteile der Liebe.

Das Dilemma des Mitleidlosen

Wenn wir Menschen (wir, denen Mitgefühl eher schwer fällt) ehrlich sind, müssen wir zugeben, dass unser schonungsloser Umgang Schaden anrichten kann. Wir nehmen Leute auf den Arm, über die wir uns nicht lustig machen sollten, und wenn sie verletzt sind, sagen wir: »Kannst du denn keinen Spaß verstehen?« Wir hören anderen Menschen nicht besonders aufmerksam zu. Wenn sie mit uns sprechen, sind wir grundsätzlich entweder mit unseren Gedanken weit weg oder beantworten so nebenbei in Gedanken ihre Fragen. Wir können nicht verstehen, warum viele Menschen so schwach und furchtsam sind. Wir benutzen Menschen und fertigen sie unhöflich ab, wenn sie ihren Zweck erfüllt haben. Obwohl es uns vielleicht nicht bewusst ist, sagen uns andere, wir handelten überheblich. Wir lieben es, Recht zu haben, zu wetteifern und –

besonders – zu gewinnen. Um die Wahrheit zu sagen, halten wir insgeheim einfühlsame Menschen für emotionale Weichlinge oder psychologische Einzelgänger. Wir verstehen sie nicht.

In bestimmten Situationen – nach finanziellen Rückschlägen, einem Unfall, einer schweren Krankheit, einer Scheidung oder etwas Ähnlichem – geraten wir oft ins Grübeln. Dies ist auch bei hartherzigen Menschen, also Personen, die nicht mitfühlen *können* (nicht zu verwechseln mit Menschen, die nicht mitfühlen *wollen*), nicht anders. Dann schauen sie in den Spiegel ihrer Seele. Meistens gefällt es ihnen nicht besonders, was sie da sehen, vor allem dann nicht, wenn sie bereits erkannt haben, was Jesus Christus für sie getan hat.

Während meiner eigenen, höchst seltenen Zeit der kritischen Analyse habe ich mich gefragt: »Wie kann mein Herz so unnachgiebig sein? Ich habe die persönliche Liebe Jesu Christi aus erster Hand erfahren. Seine Liebe hat meine Seele berührt und mein Leben verändert. Ich weiß, dass der Heilige Geist in meinem Leben wirkt und an mir arbeitet, um einen liebevolleren Mann aus mir zu machen. Ich weiß, dass Gott mir aus Gnade eine leitende Funktion in einer Gemeinde von Brüdern und Schwestern gegeben hat, die genauso wie ich versuchen, zu liebevolleren Menschen zu werden. Aber ich habe immer noch Probleme, Mitgefühl zu empfinden. Was fehlt mir noch, um ein einfühlsamerer Mensch werden zu können? Welche praktischen Schritte kann ich unternehmen, um anderen Menschen liebevoller zu begegnen?«

Eine verzerrte Sichtweise

Kurz nachdem ich ein Christ geworden war, erkannte ich, dass ich nicht genügend menschliche Wärme und Einfühlungsvermögen besaß. Ich brauchte Unterstützung, um anderen Menschen gegenüber freundlich und warmherzig zu werden. Eines Tages, als ich in der Bibel las, stieß ich auf eine Episode in Jesu Leben, in der er einen blinden Mann heilte. Wenn Jesus Menschen heilte, berührte er sie meistens oder sprach zu ihnen und sie wurden sofort von ihrem Leiden befreit. Aber in dieser Geschichte, die im achten Kapitel des Markusevangeliums erzählt wird, geschah die Heilung in zwei Schritten. Jesus berührte die Augen des Mannes und fragte dann: »Siehst du etwas?«

Der Mann antwortete: »Ich sehe Menschen; denn ich sehe etwas, das wie Bäume aussieht und umhergeht« (Mk 8,22-26). Jesus berührte ihn noch einmal und diesmal wurde der Mann völlig geheilt. Schließlich konnte er die Menschen deutlich und ohne Verzerrung erkennen.

Zu jener Zeit hatte ich noch keine klare Vorstellung von der Bibelauslegung, aber mich sprach diese Geschichte an. Ich freute mich zu lesen, dass der Blinde sagte: »Ich sehe Menschen; denn ich sehe etwas, das wie Bäume aussieht und umhergeht.« Ich dachte: Das ist auch mein Problem. Ich sehe die Menschen verzerrt. Für mich sind Menschen auch nur Teil der Landschaft. Sie sind mir so wichtig wie Bäume.

Ich erinnere mich, dass ich zu mir sagte: »Wenn ich mich umsehe und andere Menschen betrachte, denke ich nicht: ›Oh, dieser Mensch ist ein einzigartiges Geschöpf des allmächtigen Gottes. Er ist Gottes Ebenbild und dieser liebt ihn. Jesus ist für ihn gestorben. Der Heilige Geist versucht Tag und Nacht, ihn zu einer Beziehung zum Vater zu bewegen. Er bedeutet Gott wirklich etwas!‹ So denke ich nicht. Für mich sind Menschen wie umhergehende Bäume.« Und als ich erkannte, wie sehr sich meine Sicht von der Sichtweise Jesu unterschied, wusste ich, dass ich meine ändern musste. Ich musste lernen, Menschen so zu sehen, wie Gott sie sieht.

Mit Gottes Augen sehen

Ich kenne Menschen, die, weil sie nicht mitfühlen *können*, dazu neigen, den kürzesten Weg zu gehen. Sie sind erfolgreich und produktiv. Es gilt, Ziele zu erreichen, Quoten zu entsprechen und Geschäfte abzuschließen. Alles, was sie machen, erscheint ihnen so wichtig, dass sie Menschen in erster Linie in Bezug auf sich selbst und ihre eigenen Projekte und Ziele sehen. Menschen sind entweder notwendige Mittel zum Zweck oder unnötige Behinderungen auf dem Weg des Fortschritts. Für einen Menschen, der auf der Überholspur lebt, sind andere entweder Werkzeuge, die benützt werden, oder Schwierigkeiten, die man umgehen muss.

So neigen hartherzige Menschen dazu, die Welt in Gewinner und Verlierer einzuteilen, oder sind vorschnell mit aufgestellten Kategorien bei der Hand. Es fällt ihnen schwer zu erkennen, dass sie niemals auf einen »gewöhnlichen« Menschen treffen, sondern dass jedes menschliche Wesen in Gottes Augen einen einzigartigen Schatz darstellt. Sie können nicht begreifen, dass »Verlierer« und »Gestrandete« Gott genauso viel bedeuten wie »Gewinner« und angesehene Menschen. Die neu belebte Diskussion über Ausländer ist für Gott genauso überflüssig wie die Abgrenzung gegenüber Häftlingen und Homosexuellen. Er liebt alle Menschen: einen Penner genauso wie den Börsenmakler, Zahnmedizinstudenten oder Seminaristen.

Alle Menschen sind eingeladen, die Vergebung am Kreuz anzunehmen. Weil Gott durch Christus jeden in seine Familie eingeladen hat, ist jeder Mensch, den wir treffen, ein potenzieller Bruder oder eine Schwester. Wenn wir diese Wahrheit verstehen und beginnen, die Menschen in ihrer Bedeutung für Gott zu sehen, kann unser hartes Herz aufatmen und wir lernen, anderen Menschen einfühlsam zu begegnen.

Seien Sie vorsichtig, Sie hartherziger Mensch! Das nächste Mal, wenn Sie zu jemandem grob sind, weil Ihr Gegenüber »nur« Kellnerin, Parkwächter, Metzger oder Schuster ist – halten Sie inne! In Gottes Augen gibt es keine »Nur-Menschen«. Diese Leute haben vielleicht lediglich einen einfachen Beruf, aber für Gott ist jeder einzigartig. Es kommt auf jeden einzelnen Menschen an. Und Sie, Herr Arbeitgeber – wenn Sie jemals eine Angestellte loswerden wollen, dann werfen Sie sie nicht einfach hinaus. Denken Sie daran, dass sie für Gott wertvoll ist. Und an alle Ledigen: Wenn jemand von Ihnen das Gefühl hat, er solle die Beziehung zum Freund/zur Freundin abbrechen, dann lassen Sie diese Person nicht einfach fallen! Denken Sie daran, dass sie für Gott wichtig ist. Auch wir Autofahrer – sollten wir das nächste Mal die Gelegenheit erhalten, so einen richtigen Hitzkopf zu erleben, winken wir doch einfach einmal lächelnd zurück; selbst er ist für Gott von Bedeutung. Und Gottes Schätze sollten vorsichtig behandelt werden.

Mit Gottes Herz empfinden

Um Empfindsamkeit zu lernen, müssen wir hartherzigen Menschen zuerst beginnen, mit Gottes Augen zu sehen. Dann müssen wir uns überwinden, in die Haut eines anderen zu schlüpfen. Einfühlsame Menschen neigen von Natur aus dazu, sich in andere hineinzuversetzen und deren Gefühle nachzuvollziehen. Hartherzige Menschen hingegen können andere Menschen, die verletzt, zerbrochen oder verwirrt sind, ansehen und sagen: »Es sieht so aus, als ob es ein Problem gibt.« Es fällt ihnen viel leichter, die Probleme anderer zu analysieren als mitzufühlen.

Vor wenigen Jahren sahen Lynne und ich uns »Sophies Entscheidung« an, einen psychologisch ziemlich anspruchvollen Film, bei dem ein Teil der Handlung in einem Konzentrationslager spielt. Ich war an diesem Abend sehr gut gelaunt und fühlte mich wie ein Teenager, der eine Verabredung mit dem hübschesten Mädchen der Schule hat; ich kaufte Popcorn, legte einen Arm um meine Frau und lehnte mich zurück, um den Film zu genießen.

Nach etwa drei Vierteln des Films wurde dieser sehr gefühlsbetont. Während die Hauptdarstellerin Sophie ihre beiden Kinder in den Armen hielt, musste sie sich entscheiden, welches sie dem Nazioffizier übergeben sollte. Sie wusste, dass damit der Tod des Kindes besiegelt wäre. Das ist tatsächlich ein anstrengendes Drama, dachte ich. Aber es zieht sich etwas in die Länge. Ob der Verkaufsstand wohl noch offen hat? Ich hätte gerne noch eine Tüte Popcorn. Als ich mich umdrehte, um nachzusehen, merkte ich, dass Lynne schluchzte. Ich beschloss, das Popcorn ein anderes Mal zu besorgen und Lynne weinte den Rest des Films.

Als wir zum Auto zurückgingen, war das sicher nicht der richtige Zeitpunkt, Witze zu machen. Also fuhren wir schweigend nach Hause und gingen ins Bett, ohne ein Wort zu sprechen. Ich wusste nicht, was mit Lynne los war, bis sie schließlich anderthalb Tage später in der Lage war, darüber zu reden. »Ich möchte dir erzählen, warum ich so bestürzt war«, sagte sie. »Ich stellte mir vor – Todd und Shauna in den Armen –, in dreißig Sekunden darüber zu entscheiden, wer leben und wer sterben sollte. Wie um alles in der Welt hätte ich je diese Wahl treffen können?« Lynne hatte nicht nur Mitleid mit Sophie gehabt; sie war in ihre Haut geschlüpft. Sie *war* für eine gewisse Zeit Sophie.

Bei mir war das nicht der Fall. Ich identifizierte mich nicht mit den Betroffenen und sah der Entwicklung des Dramas zu. In der Tat verstand ich nicht gleich, warum meine Frau von diesem Film so stark berührt war. Mitgefühl fliegt uns hartherzigen Menschen nicht zu. Wir müssen innehalten und bewusst versuchen, uns in einen anderen Menschen hineinzuversetzen. Wir müssen uns fragen, wie man sich in dieser oder jener Situation fühlt.

- Wie fühlt man sich, wenn man behindert ist und nicht aufstehen, sich anziehen oder einen guten Sitzplatz in der Kirche finden kann, weil es keinen Platz für den Rollstuhl gibt?
- Wie fühlt man sich, wenn man arbeitslos ist, finanzielle Verpflichtungen hat, denen man nicht nachkommen, und Kinder, die man nicht versorgen kann?
- Wie fühlt man sich, wenn man ein Schwarzer in einer weißen Gemeinde ist, die Minderheiten gegenüber nicht besonders feinfühlig ist?
- Wie fühlt man sich, wenn man geschieden oder verwitwet ist, wenn man ein Kind oder einen Elternteil verliert?
- Wie fühlt man sich, wenn man Krebs, Multiple Sklerose, die Alzheimerkrankheit oder Aids hat?

Wenn wir uns mehr und mehr Zeit nehmen, in die Haut eines anderen zu schlüpfen, werden in der hart gewordenen Schale, die unsere Herzen umgibt, nach einer Weile Risse sichtbar.

Jesus als Vorbild

Natürlich bedeutet Einfühlungsvermögen mehr, als nur Gefühle zu haben. Es ist wichtig, damit zu beginnen, die Menschen als Gottes Schätze zu sehen und aufrichtig Anteil zu nehmen. Aber wie sollen wir dem Ausdruck verleihen? Soll ich alle Menschen küssen? Soll ich mein gespartes Geld weggeben? Soll ich mein Haus verkaufen und dem Friedenscorps beitreten? Wie verhält sich ein einfühlsamer Christ?

Ganz einfach: Das Wort Gottes fordert uns dazu auf, die Menschen so zu behandeln, wie Jesus Christus uns behandelt. Wenn Sie beten, hört Gott aufmerksam auf jedes Wort, das Sie sagen. Aus welchem Grund sollten Sie Ihren Partner, Ihre Kinder, Ihre Freunde und Ihre Mitarbeiter nicht ebenso behandeln? Halten Sie inne, schalten Sie den Fernseher aus, entfernen Sie jegliche Ablenkung und sagen Sie: »Ich werde zuhören, weil ich wirklich wissen will, was du zu sagen hast.« Wenn Sie einen Fehler machen, hilft Jesus und vergibt Ihnen. Er begegnet Ihnen weiterhin mit Liebe und Respekt. Warum sollten Sie nicht dasselbe mit den Menschen, mit denen Sie leben, arbeiten und beten, machen? Wenn Sie sich einsam und unsicher fühlen, steht Ihnen der Heilige Geist bei. Er tröstet Sie und ruft Ihnen immer wieder ins Bewusstsein, dass Gott Sie liebt. Warum sollten Sie nicht den Menschen, die Sie lieben, in schweren Zeiten Trost und Unterstützung gewähren?

Kein Gläubiger muss je an Gottes Zuneigung zweifeln. Öffnen Sie die Bibel und Sie werden auf jeder Seite Beweise dafür finden:

- »Weil du in meinen Augen teuer und wertvoll bist und weil ich dich liebe […]« (Jes 43,4).
- »[…] Vielmehr habe ich euch Freunde genannt […]« (Joh 15,15).
- »[…] ich bin bei euch alle Tage bis zum Ende der Welt« (Mt 28,20).
- »Wie ein Vater sich seiner Kinder erbarmt, so erbarmt sich der Herr über alle, die ihn fürchten« (Ps 103,13).

Wenn Gott nicht möchte, dass sich seine Kinder fragen müssen, ob sie geliebt werden oder nicht, warum zeigen wir dann nicht regelmäßig unsere Zuneigung gegenüber unserer Familie, unseren Freunden und Kollegen, so dass sie wissen, was wir für sie empfinden?

Was geschieht, wenn wir hartherzigen Menschen anfangen, andere Menschen mit Gottes Augen zu betrachten, in ihre Haut zu schlüpfen und sie so zu behandeln, wie Jesus uns behandelt? Die Folgen sind unglaublich. Nach dem ersten Schock werden Ehepartner und Kinder vor Freude begeistert sein. Unsere Kollegen werden den Kopf schütteln und sagen: »Die ganze Atmosphäre hier hat sich geändert. Ich frage mich, was mit Michael passiert ist?« Oberflächliche Freundschaften werden zu tiefen, herzlichen Beziehungen. Unsere Kirchen werden ihre Wirksamkeit vervielfachen, da die Menschen entdecken, dass sie dort, wo Christus angebetet wird, Liebe finden.

Ich danke Gott für die Menschen, die von Natur aus einfühlsam sind. Ohne sie wäre unser Leben trostlos und unerfüllt. Danke auch, dass wir alle nach den ersten Schritten hin zu einer wunderbaren Empfindsamkeit erst richtig loslaufen können – auch die, die nie zuvor Mitleid empfunden haben.

Kapitel 7

Beharrliche Liebe – auf der Wahrheit bestehen

Im Folgenden möchte ich mich vor allem an einfühlsame Menschen wenden. Sie sollen etwas über eine Art von Liebe lernen, die ihrem Wesen oftmals fremd ist. Es geht um *beharrliche* Liebe. Diese Art von Liebe ist berechtigt, notwendig und biblisch: die Wahrheit aussprechen, auch wenn die Wahrheit wehtut und verletzt; Wellen in Beziehungen schlagen, die nicht stagnieren sollen; von Zeit zu Zeit auch Tadel aussprechen; jemanden korrigieren, bevor er Schiffbruch erleidet.

Wer sprach die folgenden barschen Worte?

- »Weh euch, ihr Schriftgelehrten und Pharisäer, ihr Heuchler!«
- »Blinde Führer seid ihr: Ihr siebt Mücken aus und verschluckt Kamele.«
- »Ihr haltet Becher und Schüsseln außen sauber, innen aber sind sie voll von dem, was ihr in eurer Maßlosigkeit zusammengeraubt habt.«
- »Ihr seid wie die Gräber, die außen weiß angestrichen sind und schön aussehen; innen aber sind sie voll Knochen, Schmutz und Verwesung.«
- »Ihr Nattern, ihr Schlangenbrut! Wie wollt ihr dem Strafgericht der Hölle entrinnen?«

Wahrscheinlich erkennen Sie die Worte Jesu, des gütigen Hirten, des einfühlsamen, sanften und bescheidenen Erlösers (Mt 23,13-33). Wie konnte er Menschen, von denen er behauptete, dass er sie liebte, so hart ansprechen? Warum hat er diese unangenehmen Worte benutzt?

Jesus sagte diese Dinge, weil sie wahr waren. Seine Worte waren bestürzend, schwer zu akzeptieren und hart zu ertragen – aber wahr. Die Wahrheit muss häufig direkt gesagt werden, ohne der Verwirrung oder Fehlinterpretation Raum zu geben, um einen größeren Schaden, nämlich die Lüge, zu verhindern. Jesus liebte die Menschen, die er mit diesen Sätzen ansprach, wirklich. Er liebte sie und er wollte, dass sie sich mit der Wahrheit auseinander setzten, ehe sie ihr Leben ruinierten und die Ewigkeit aufs Spiel setzten. Jesus zeigte *beharrliche Liebe* – eine Form der Liebe, die unter normalen Umständen schmerzhaft, aber sehr machtvoll ist.

Im Laufe der Jahre musste auch ich mir manche unbequemen Worte anhören:

- »Billy, geh in dein Zimmer. Du bekommst heute kein Abendessen. Fehler sind eine Sache, Lügen eine andere.«
- »Das nächste Mal, wenn du so mit deiner Mutter sprichst, wirst du dich nach einer eigenen Wohnung umsehen müssen.«
- »Du weißt, dass ich dich liebe, aber ich werde dich nicht heiraten. Du bist nicht reif genug.«
- »Nennst du das eine Ehe? Ich nenne es einen Witz und ich werde mich nicht weiter von dir wie die Post von gestern behandeln lassen.«
- »Warum habe ich das Gefühl, nicht anderer Meinung sein zu dürfen? Glaubst du eigentlich, du hast immer Recht?«

Ich könnte diese Liste endlos fortsetzen. Es kommt die Zeit, da die Wahrheit gesagt werden muss, und zwar direkt. Glücklicherweise haben mich manche Menschen so sehr geliebt, dass sie nicht zuließen, dass ich weiterhin rebellisch, betrügerisch oder arrogant handelte. Also krempelten sie die Ärmel hoch, packten mich und konfrontierten mich mit einigen meiner unangenehmen Eigenschaften, die meinem Charakter schadeten und unsere Freundschaft aufs Spiel setzten. Das verstehe ich unter beharrlicher Liebe. Und ich liebe diese Menschen dafür, das sie mir diese Liebe erwiesen haben.

Empfindsame Menschen und beharrliche Liebe

Zartfühlende Liebe ist in dieser hartherzigen Welt bitter nötig. Wir brauchen Mitgefühl, Feingefühl, Bestätigung und Ermutigung sehr dringend.

Aber ohne das Pendant beharrliche Liebe kann die zartfühlende Liebe schnell zu einer wehleidigen Sentimentalität werden, die den Weg für Enttäuschung ebnet und schließlich zum Bruch einer Beziehung führt, weil sie eben nicht in der Lage ist, den anderen mit der unangenehmen Wahrheit zu konfronieren.

Für warmherzige Menschen klingt beharrliche Liebe unnatürlich, beängstigend und vielleicht sogar unchristlich. Zugegebenermaßen fällt sie denen leichter, die von Natur aus härter sind. Wenn wir als kühle und distanzierte Menschen bei jemandem, den wir lieben, ein Problem sehen, zögern wir nicht, hinzugehen und daran zu arbeiten. Wir sagen einfach: »Was wir hier nötig haben, ist ein chirurgischer Eingriff. Also lasst uns diesen Kerl betäuben und mit einem Skalpell seine oberflächlichen Entschuldigungen wegschneiden und direkt zum Herzen vordringen. Und falls wir nicht umhin können, ein wenig Blut zu vergießen, nehmen wir das in Kauf, solange wir das Problem packen können. Wir werden die Wunde später wieder vernähen. Wenn er die Operation überlebt, wird er uns dafür danken.«

Weichherzige Menschen haben spätestens bei diesem letzten Abschnitt einen Kloß im Hals. Sie sagen sich: »Chirurgischer Eingriff? Skalpell? Blut? Ich möchte so etwas niemals erleben, geschweige denn einen solchen Eingriff selbst vornehmen. Alles, was ich möchte, ist Friede und Harmonie. Vielleicht lösen sich die Probleme aufgrund vieler Umarmungen von selbst und der Schmerz hört auf.« Gott würde zu diesen feinfühligen Menschen sagen: »Ich verstehe euren zartfühlenden Geist – ich habe euch so geschaffen. Aber wenn ihr lernen wollt, wirklich zu lieben, dann müsst ihr auch die beharrliche Liebe erlernen.«

Wer benötigt beharrliche Liebe?

Einer meiner Kollegen ist ein treues Mitglied des »Clubs der Einfühlsamen«. Er sagt, er hätte nichts von beharrlicher Liebe gewusst, bis ihm einige seiner christlichen Brüder vor einigen Jahren eine Lektion in dieser Form der Liebe erteilt hätten. Als er vor einigen Monaten hörte, dass ich mich auf eine Predigt über dieses Thema vorbereitete, schrieb er mir: »Sag diesen weichherzigen Menschen Folgendes: Wenn meine Brüder mir nicht mit liebevoller Strenge begegnet wären, hätte ich keine immer tiefer gehende Beziehung zu meiner Frau, keinen wirkungsvollen Dienst und keinen disziplinierten Weg mit Jesus. Ich hätte keinen Zorn auf die Sünde, keinen Respekt gegenüber den Menschen, die ich leite, meine Schulden wären nicht bezahlt und ich hätte kein Geld auf der Bank. Nur auf Grund der kompromisslosen, starken Liebe erhielt ich all diese Dinge. Jeder benötigt auf seine Weise Unterweisung; jeder muss seine Lektion lernen.«

Wo ich auch hingehe, sehe ich Menschen, die diese beharrliche Liebe noch kennen lernen müssen – wertvolle Menschen, die Gott wirklich viel bedeuten, denen aber vor lauter Irreführung schwindlig ist. Ich sehe Ehepaare mit ernsthaften Problemen, junge Menschen, die ihr Glück auf die Spitze treiben, oder andere, die im Ödland der zerstörerischen Suche nach Vergnügen umherirren. Zu viele von uns, die sich selbst ähnlich wie diese Menschen zerstören, kauen an den Fingernägeln und sagen nichts, weil sie diese beharrliche Liebe nicht verstanden haben.

Es bedarf einer Person, die jene wachrüttelt und sagt: »Gott hat einen besseren Weg für dich. Steig aus dem Karussell aus und nimm seine Führung an.« Jemand ist nötig, der ihnen zuruft: »Ich liebe dich viel zu sehr, um zuzusehen, wie du dein Leben, deine Ehe, deine Familie, deinen Beruf und deine Seele zerstörst. Setz dich also hin und hör mir zu, weil ich dir einige unangenehme Dinge sagen werde. Ich mache das nicht gern, aber ich muss es, weil diese Dinge wahr sind und weil ich dich viel zu sehr liebe, um schweigend mitansehen zu können, wie du dich selbst verletzt.«

Um beharrliche Liebe zu verstehen und sie einzusetzen, muss man zwei grundlegende Überzeugungen teilen. Erstens ist es unerlässlich, zu glauben, dass *es wichtiger ist, die Wahrheit zu sagen, als Frieden zu bewahren.* Zweitens muss man erkennen, dass *das Wohlergehen des anderen wichtiger ist als das gegenwärtige Wohlbefinden in der Beziehung.*

Die Wahrheit sagen oder Frieden wahren?

Weichherzige Menschen werden mit allen Mitteln versuchen, jegliche Formen von Ärger oder Unruhe in einer Freundschaft zu vermeiden.

Wenn in einer Ehe kleinere Spannungen auftreten und ein Partner den anderen fragt: »Stimmt etwas nicht?«, wird der Gutmütige antworten: »Nein, es ist alles in Ordnung!« Was er in Wirklichkeit meint, ist: »Es stimmt etwas nicht, aber ich möchte keine Szene machen.« Entscheidet man sich, Frieden zu wahren, anstatt die Wahrheit zu sagen, glaubt man, sich besonders vorbildlich zu verhalten. In Wirklichkeit ist man auf dem Holzweg. Was auch immer die Spannung verursachte – es wird erneut auftreten. Es wird immer schwieriger, Frieden zu wahren. Allmählich beginnt sich bei denen eine Enttäuschung breitzumachen, die Frieden wahren möchten, was zunächst zu Ärger, dann zu Bitterkeit und schließlich zu Hass führt. Beziehungen können innerlich bereits zerbrochen sein, während alles nach außen hin friedfertig aussieht!

Frieden um jeden Preis ist eine Form der Täuschung, die nach meiner Überzeugung ein Schachzug Satans ist. Wenn man weiß, dass man die Wahrheit sagen muss, flüstert einem das Böse zu: »Tu es nicht. Dein Gegenüber wird die Kritik erst gar nicht zu schätzen wissen. Es wird die Sache nur noch schlimmer und unangenehmer machen. Das ist es nicht wert.« Wenn man diesen Lügen Glauben schenkt, wird man mit großer Wahrscheinlichkeit früher oder später die Beziehung zerstören.

Im diesem Licht steht der Ratschlag von Paulus, der in seinem Brief an die Gemeinde in Ephesus rät, alle falschen Vorspiegelungen beiseite zu lassen:

> »Legt deshalb die Lüge ab, und redet untereinander die Wahrheit; denn wir sind als Glieder miteinander verbunden« (Eph 4,25).

Zuerst müssen wir aufhören, uns gegenseitig zu belügen. Dann müssen wir – »von der Liebe geleitet«, wie in Vers 15 nachzulesen ist – die Wahrheit sagen. Es erfordert Mut, die Wahrheit auszusprechen, wenn man weiß, dass dies Wellen schlagen und Aufruhr verursachen wird. Aber alles andere – außer der Wahrheit – wird im Laufe der Zeit die Ehrlichkeit unserer Beziehungen zerstören. Eine Beziehung, die auf der Wahrung von Frieden gegründet ist, wird nicht von Dauer sein. Beharrliche Liebe entscheidet sich, noch vor dem Bewahren des Friedens die Wahrheit auszusprechen und vertraut Gott, dass Gutes entstehen wird.

Vorgetäuschter Friede

In den frühen Jahren unserer Ehe wählten sowohl Lynne als auch ich den Weg, Frieden zu wahren, anstatt die Wahrheit zu sagen. Ich gründete eine Gemeinde und sah mich mit einigen Schwierigkeiten konfrontiert: Ich hatte kein Geld, keine Mitarbeiter und noch nicht einmal ein Gebäude und darüber hinaus gab es viele Meinungsverschiedenheiten zwischen denen, die am Projekt beteiligt waren. Lynne selbst hatte zu Hause auch Probleme. Sie war schwanger und versorgte zwei Pensionsgäste in unserem Haus, die sehr viel von ihrer Zeit in Anspruch nahmen. Außerdem gab sie Flötenstunden, um finanziell über die Runden zu kommen. Mit den Schwierigkeiten sowohl zu Hause als auch bei der Arbeit hatten wir ein stilles Abkommen, wann immer wir zusammenkamen: »Nicht noch zusätzlichen Wirbel veranstalten!« Dennoch oder gerade deswegen machte sich bei uns die Frustration breit.

Gott fing an, in Lynnes Herz zu wirken. Bald begann meine sanftmütige Frau, mich an der Tür abzufangen und zu sagen: »Setz dich hin, ich muss dir etwas erzählen. Ich war nicht ehrlich zu dir. Ich bin es leid und müde, auf deiner Prioritätenliste an zehnter Stelle zu stehen. Du erweist mir nicht viel Zuneigung. Es gefällt mir nicht, wie sich unsere Ehe entwickelt; ich werde das nicht länger akzeptieren.«

Ich habe nicht besonders gut reagiert. Ich habe nicht gesagt: »Ich bin froh zu hören, was dir auf dem Herzen liegt. Ich werde meinen Zeitplan ändern und beginnen, über deine und meine Bedürfnisse nachzudenken.« Stattdessen schrie ich: »Bei all meinen Problemen, die durch den Aufbau dieser Gemeinde kommen, wirfst du mir diesen Fehler vor! Was willst du überhaupt?«

Trotz meiner Reaktion gab Lynne nicht auf. Sie wusste, dass an unserer Ehe gearbeitet werden musste, und sie entschloss sich, so lange zu kämpfen, bis ich die Tatsachen erkennen würde. Über die Jahre hinweg gebrauchte Gott Lynnes beharrliche Liebe, bis ich der Wahrheit bezüglich meiner Person ins Auge sah und ihm erlaubte, den »chirurgischen Eingriff« bei mir vorzunehmen.

Aber dann, als ich einmal begonnen hatte, Lynne zuzuhören und an meinen Problemen zu arbeiten, stellte ich einige Dinge an ihr fest, mit denen ich nicht länger leben wollte. Da ich den Wert, die Wahrheit zu sagen, schätzen gelernt hatte, entschloss ich mich dazu, mich zu öffnen. »Liebling«, sagte ich, »ich sehe einen Anflug von Egoismus in deinem Leben, der mich stört.«

Die reizende, gütige Lynne erwiderte nicht: »Danke, dass du mir deine Gefühle mitgeteilt hast.« Stattdessen lief sie weinend davon, schrie: »Ich kann es nicht glauben, dass du so etwas sagst!« und knallte die Schlafzimmertür zu. Aber ich gab nicht nach und es dauerte noch einige Monate, bis wir unsere Schwierigkeiten gelöst hatten. Schließlich veränderte sich einiges bei ihr so, wie ich es bei mir hatte machen müssen, und unsere Ehe wurde wieder harmonisch. Aber diesmal war es anders. Dies war kein vorgetäuschter Friede, der darauf gegründet war, gewissen Dingen aus dem Weg zu gehen. Dies war der Friede des Herrn – wahrhaftig, ehrlich und beständig.

Wohlergehen oder Bequemlichkeit?

Um so zu lieben, wie Jesus liebt, muss man an die erste Stelle das Verlangen nach Wahrheit stellen, an die zweite den Willen nach Frieden. Ebenso muss man das Wohlergehen des anderen vor die Bequemlichkeit in einer Beziehung setzen.

Stellen Sie sich vor, eine Mutter schaut aus dem Wohnzimmerfenster zu ihrem dreijährigen Sohn, der in der Garageneinfahrt mit seinem Dreirad fährt. Ihr Herz ist voller Liebe und sie geht in die Küche. Sie schenkt ein Glas Limonade ein und bringt es ihm nach draußen. Nachdem er es getrunken hat, hebt sie ihn hoch, umarmt ihn und sagt ihm, wie sehr sie ihn liebt. Der kleine Kerl fühlt sich wunderbar. Aber während die Mutter in die Küche zurückkehrt, um das Glas zu spülen, geht er zu seinem Dreirad und fährt direkt auf die Straße, obwohl man ihm gesagt hatte, dass er niemals dort fahren dürfe. Die Mutter schaut genau in dem Augenblick aus dem Wohnzimmerfenster, als ein Volvo quietschend bremst und dann vorsichtig um ihren kostbaren Sohn herumfährt. Sie stürmt aus dem Haus, rennt auf die Straße und nimmt den Jungen und das Dreirad. Sobald sie wieder in der Sicherheit ihres eigenen Grundstückes sind, beginnt sie, ihn anzuschreien und bestraft ihn.

Das Kind fragt sich wahrscheinlich, was mit seiner Mutter los ist. Seine Reaktion ist aber nicht der springende Punkt – sein Leben steht auf dem Spiel. Das Verhalten seiner Mutter besagt: »Diese glückliche Zeit vor fünf Minuten mit der Limonade und den Umarmungen ist jetzt eine weit zurückliegende Erinnerung, weil wir es mit Leben und Tod zu tun haben. Dein Wohlergehen ist viel wichtiger als herzliche Gefühlsausbrüche.«

Eine der besten Definitionen, die ich für beharrliche Liebe kenne, ist: *Handeln für das Wohlergehen des anderen, den man liebt.* Wir brauchen mehr Menschen, die andere mit solcher Hingabe lieben, dass sie ihre gegenwärtige Bequemlichkeit in der Beziehung aufs Spiel setzen und sagen, was auch immer gesagt werden muss, um das Wohlergehen des anderen zu schützen.

- »Ich liebe dich so sehr, dass ich nicht schweigend zusehen kann, wie du dich zu Tode arbeitest.«
- »Ich liebe dich so sehr, dass ich nicht vorgeben will, glücklich zu sein, während du deinen Körper ruinierst, weil du falsch isst, dich nie bewegst, zu viel trinkst oder rauchst.«
- »Ich liebe dich so sehr, dass ich dich davor warnen muss, dass du in Bars nicht das finden wirst, wonach du suchst.«
- »Ich liebe dich so sehr, dass ich dir sagen muss, dass du nicht länger in dieser Position in meiner Firma bleiben kannst. Es scheint dich zu zerstören und das kann ich nicht zulassen.«

Ich ging einmal auf einen guten Freund zu, weil ich erkannt hatte, dass sein Leben eine schlechte Wende nahm. Ich lud ihn in ein Restaurant und sagte: »Ich möchte nicht versuchen, dein Leben in die Hand zu nehmen, aber ich mache mir Sorgen, was es für einen Lauf nimmt.« Er war so zornig, dass er beinahe über den Tisch sprang, um mir ein blaues Auge zu verpassen. Da ich ein mutiger Mann bin, sah ich ihm in die Augen und sagte: »Entschuldige, ich werde das nie wieder erwähnen.« Ich tat es auch nicht und er zerstörte sein Leben. Ich sehe diesen Freund gelegentlich und habe noch oft zu ihm gesagt: »Ich habe dich im Stich gelassen. Ich hätte dir auf den Fersen bleiben sollen. Ich hätte sagen sollen: ›Spring über den Tisch und prügle mich, wenn es dir danach besser geht, aber ich werde dir immer wieder sagen, dass ich mir um deine

Zukunft Sorgen mache.‹« Vielleicht hätte Gott mich gebrauchen können, wenn ich ein wenig hartnäckiger gewesen wäre.

Jedesmal, wenn Sie zugunsten des Wohlbefindens eines anderen Schritte unternehmen, wird es zunächst riskant. Mit der Behaglichkeit in Ihrer Beziehung könnte es jäh vorbei sein. Wenn die Beziehung jedoch grundsätzlich reif und gesund ist, werden Sie mit Ihren *liebevoll* ausgesprochenen Worten Erfolg haben. Das Hindernis in Ihrer Beziehung wird zu einem Baustein und Sie beide werden ein neues Verständnis finden, neue Verpflichtungen eingehen und ein tieferes Vertrauen aufbauen. Aber wir alle wissen, dass es viel einfacher ist, über beharrliche Liebe zu schreiben oder etwas über sie zu lesen, als sich tatsächlich hinzusetzen und mit jemandem ein offenes Gespräch zu führen. Menschen gegenüberzutreten kann beängstigend sein.

Der »Bananenraum«

Mein Vater besaß eine Obst- und Gemüsefirma in Kalamazoo, Michigan. Wir hatten eine lange Lohnliste: harte Dockarbeiter, Lastwagenfahrer, die gern viel tranken, clevere Verkaufsleute und tüchtige Geschäftsführer. Wie bei einer derartigen Zusammenstellung von Menschen zu erwarten ist, gab es große zwischenmenschliche Probleme.

Ich weiß nicht, wie alles anfing, aber selbst als ich noch ein kleiner Junge war, beobachtete ich, dass immer dann, wenn ein Problem zwischen zwei Angestellten gelöst werden musste, der »Bananenraum« aufgesucht wurde. Manchmal sagte mein Vater oder einer der anderen Eigentümer zu jemandem: »Ich muss mich mit dir im ›Bananenraum‹ treffen.« Gelegentlich packte ein Vorarbeiter einen Dockarbeiter und beide verschwanden in diesem Raum.

Der »Bananenraum« war ein gekühlter Raum, in dem bis zu achthundert Bananenkisten standen. Er war vollkommen abgeschlossen und hatte eine zehn Zentimeter dicke Eisentür, so dass von außen niemand hören konnte, was innen vor sich ging. Vielleicht war das der Grund, warum jedesmal jeder zitterte, wenn eine Aufforderung kam, in den Bananenraum zu gehen. »Oh nein – nicht der Bananenraum!« Es ist niemals ein Mensch im Bananenraum umgekommen und häufig sind die

Betreffenden nach einer Diskussion in diesem Raum lächelnd Arm in Arm wieder herausgekommen. Dennoch fürchteten ihn alle. Die offene Aussprache unter vier Augen dort jagte ihnen einen Schrecken ein.

Die meisten von uns ziehen es vor, einer Gegenüberstellung aus dem Weg zu gehen. Wir empfinden eine starke Abneigung gegenüber der Methode, die Gott dazu erwählt hat, wahren Frieden zwischen den Menschen wiederherzustellen! Im Matthäusevangelium, Kapitel 18, Vers 15, lesen wir: »Wenn dein Bruder sündigt, dann geh zu ihm und weise ihn unter vier Augen zurecht. Hört er auf dich, so hast du deinen Bruder zurückgewonnen.« Sperren Sie Ihre Gefühle nicht in eine Kammer ein. Schlucken Sie Ihre Enttäuschung nicht einfach herunter. Seien Sie stattdessen hartnäckig. Vereinbaren Sie ein Gespräch unter vier Augen und versuchen Sie, Ihre Differenzen zu lösen.

Wie lerne ich Beharrlichkeit?

Aber ehe Sie ein Treffen vereinbaren, um mit jemandem offen und deutlich zu sprechen, ist es wichtig, dass Sie sich vorbereiten. Erst einmal müssen Sie *das Problem klären.* Was verursacht eigentlich die Spannung in Ihrer Beziehung? Handelt es sich um eine »Mücke« oder einen »Elefanten«? Sind die Schwierigkeiten vorübergehend oder langfristig? Nehmen Sie sich Papier und Bleistift und schreiben Sie auf, was Ihrer Meinung nach die Wurzel des Konflikts darstellt, den Sie in der Beziehung spüren.

Zweitens empfehle ich: *Reinigen Sie Ihren Geist.* Im Matthäusevangelium heißt es:

> »Warum siehst du den Splitter im Auge deines Bruders, aber den Balken in deinem Auge bemerkst du nicht? Wie kannst du zu deinem Bruder sagen: Lass mich den Splitter aus deinem Auge herausziehen! – und dabei steckt in deinem Auge ein Balken? Du Heuchler! Zieh zuerst den Balken aus deinem Auge, dann kannst du versuchen, den Splitter aus dem Auge deines Bruders herauszuziehen« (Mt 7,3-5).

Mit anderen Worten: Wenn Ihnen nach Kritik, Zorn oder Verurteilung zu Mute ist – wenn Sie es kaum erwarten können, hinzugehen und Verwüstung anzurichten –, seien Sie vorsichtig! Eine offene Aussprache, die in dieser Haltung geführt wird, stellt den Frieden nicht wieder her. Geben Sie, bevor Sie Ihren Freund oder Ihre Freundin anrufen, Gott die Führung. Sagen Sie: »Gott, ich bin jetzt noch nicht bereit. Ich bin zu aufgebracht. Ich möchte mich beruhigen und die Dinge ins rechte Licht rücken. Ich benötige deinen Heiligen Geist, damit ich niemanden verletze.«

Und als dritten Hinweis rate ich Ihnen: *Suchen Sie sich den Zeitpunkt und den Ort des Treffens sorgfältig aus.* Die Frau eines Fußballspielers sollte ein wichtiges Gespräch nicht ausgerechnet in der Halbzeit eines Viertelfinal-Spieles planen. Ebenso sollte ein Mann von seiner Frau nicht erwarten, dass sie aufmerksam zuhört, während sie das Abendessen zubereitet, das Baby schreit und die zwei anderen Kinder sich im Nebenzimmer gerade bis auf den Tod prügeln. Planen Sie das Treffen, wenn Sie beide körperlich erholt sind, niemand in Eile ist und Sie ungestört sein können.

Und viertens ist es wichtig, dass *Sie beten.* Gott vollbringt erstaunliche Dinge, wenn wir ihn darum bitten.

Beharrlichkeit mit Feingefühl

Wenn Sie sich angemessen auf eine Aussprache vorbereiten, haben Sie die Schlacht schon halb gewonnen. Die andere Hälfte gewinnen Sie, wenn Sie das offene Gespräch feinfühlig führen. Es folgen drei Schritte, die Ihnen helfen werden, Ihr Anliegen deutlich zu machen. Sie garantieren nicht innigen Dank und warmherzige Gefühle der anderen Seite, aber sie werden Ihnen die besten Voraussetzungen schaffen, damit man Ihnen zuhört und Sie achtet.

Als erstes sollten Sie Ihrem Gegenüber sagen, was Ihnen die gemeinsame Beziehung bedeutet. Wenn Sie mit Ihrem Ehepartner sprechen, sagen Sie ihm, dass Ihnen Ihre Ehe die wichtigste Beziehung der Welt ist und dass Sie sie verbessern möchten. Wenn Sie mit einer Freundin sprechen, sagen Sie ihr, wie sehr Sie die Freundschaft schätzen. Teilen Sie in einer beruflichen Situation Ihrem Vorgesetzten zunächst mit, dass Sie gern für ihn arbeiten. Lassen Sie in jedem Fall die betreffende

Person wissen, dass Sie kein Ultimatum stellen, sondern lediglich versuchen, ein Problem zu lösen.

Beim zweiten Schritt *geben Sie eine vorsichtige und keine anklagende Erklärung des Problems aus Ihrer Sicht.* Vermeiden Sie »Du machst immer«-Aussagen oder »Du machst nie«-Feststellungen. Wenn Sie sagen: »Du bist nie zu Hause, Frank«, wird er antworten: »Du bist im Unrecht. Vor zwei Jahren am vierten Februar war ich zu Hause. Du übertreibst völlig.« Aber wenn Sie sagen: »Frank, ich fühle mich so einsam. Ich fühle mich vernachlässigt. Ich fühle mich enttäuscht und verwirrt«, wird er eher zuhören. Vielleicht hält er Sie für verrückt, dass Sie bestimmte Gefühle haben, aber er kann kaum leugnen, dass Sie welche haben. Stellen Sie das Problem so behutsam wie möglich dar und verwenden Sie »Ich fühle«-Aussagen, wann immer es geht.

Der dritte Punkt lautet: *Laden Sie zum Dialog ein!* Wenn Sie Ihr Herz ausgeschüttet haben, fragen Sie: »Liege ich da ganz falsch? – Ist mein Standpunkt klar? – Habe ich etwas vergessen? – Bin ich überempfindlich?« Als Pastor werde ich regelmäßig herausgefordert. Wenn ich bei dem Herausforderer eine offene Haltung spüre, über die Sache zu reden, kann normalerweise etwas erreicht werden. Aber wenn jemand seine Anklage so beendet: »Also dann – ich werde dir einen Anruf gestatten, bevor ich dir den Kopf abschlage«, befinde ich mich in einer Abwehrhaltung. Es ist schwer, sich mit jemandem auszusöhnen, der sich so verhält.

Die Folgen beharrlicher Liebe

In dem Wissen um die große Bedeutung der beharrlichen Liebe haben Sie sich sorgfältig auf eine offene Aussprache vorbereitet und sie weise und beherrscht geführt. Was können Sie nun erwarten?

Ich wünschte, ich könnte Ihnen gewährleisten, dass die Menschen, die Sie lieben, sagen werden: »Danke, dass du mich darauf aufmerksam gemacht hast.« Aber diese Reaktion ist unwahrscheinlich. Wahrscheinlicher ist, dass eine Tür geknallt, ein Kündigungsschreiben überreicht wird oder dass wütende Worte geäußert werden. Es könnte sein, dass Sie sich zum Schluss ärgern. Aber wenn Ihre Beziehung auf einer Täuschung basiert, stecken Sie ohnehin schon in großen Schwierigkeiten. Nehmen Sie also das Risiko auf sich und warten Sie ab, was Gott unternimmt.

Höchstwahrscheinlich nimmt die betreffende Person schließlich Ihre Worte doch ernst und Ihre Beziehung wird erneut gefestigt. Es ist schwer, jemandem Widerstand zu leisten, der sich demütig und verletzlich zeigt. Dies geschieht nicht immer sofort. Oft sind bisweilen mehrere Auseinandersetzungen nötig, ehe die Sache abgeschlossen ist, und manchmal wird eine Beziehung zunächst schlechter. Manche Menschen entschuldigen anhaltende Feindseligkeit. Sie sagen: »Nun, ich habe es einmal versucht, aber der andere wollte mir nicht zuhören.« Doch wenn die Beziehung über Monate oder Jahre hinweg immer gespaltener wird, sind für eine Aussöhnung möglicherweise viele Anläufe nötig. Es ist unrealistisch, anzunehmen, in einer Stunde die Arbeit von zehn Jahren erledigen zu können.

Leider lehnt es die betreffende Person trotz unserer Anstrengungen manchmal ab, uns zuzuhören, und es sieht so aus, als ob unsere Beziehung schlechter sei als vorher. Suchen Sie in diesem Fall nach einem Vermittler. Wählen Sie jemanden aus, dem Sie beide Vertrauen und Respekt entgegenbringen, und lassen Sie sich von dieser Person bei der Verständigung helfen. Ich empfehle dies besonders, wenn Alkohol oder Drogen im Spiel sind. Das Heranziehen eines Vermittlers kann sehr hilfreich sein, wenn man allein nicht mehr weiter kommt.

Aber wir müssen auch der Tatsache ins Auge sehen, dass in manchen Fällen beharrliche Liebe dauerhafte Trennung bringt. Paulus sagt:

> »Soweit es euch möglich ist, haltet mit allen Menschen Frieden!« (Röm 12,18).

Doch manchmal ist dies eben nicht möglich. Aus welchem Grund auch immer trennen sich Menschen und gehen ihre eigenen Wege. Ich bin davon überzeugt, dass es dem Wesen Gottes widerspricht, wenn Beziehungen zu Ende gehen. Aber in unserer schnelllebigen Gesellschaft ist eine Trennung gelegentlich nicht zu vermeiden. Wenn es passiert, bekennen wir unsere Sünden, rappeln uns auf und setzen mit Gottes Gnade und der Hilfe unserer Freunde den Lebensweg fort.

Zu viele von uns geben jedoch auf, wenn eine Beziehung beginnt, brüchig zu werden. Sie haben nicht einmal den Versuch unternommen zu kämpfen. Wir streiten und gehen bis vors Gericht, um Besitz zu verteidigen, und wenn Beziehungen sterben, weinen wir höchstens am Ende ein wenig. Aber diese Einstellung ist falsch. Beziehungen sind es wert, dass man um sie kämpft. Liebe muss hartnäckig genug sein, um sie nicht aufzugeben.

Jesu Liebe für uns ist die zärtlichste Liebe, die wir uns nur vorstellen können. Er starb, um uns von-unseren Sünden zu erlösen und uns ewiges Leben mit ihm zu schenken. Er führt uns, schützt uns, tröstet uns und nährt uns mit seinem Wort. Aber Jesu Liebe ist auch die hartnäckigste Liebe, der wir je gegenüberstehen. Er kennt unsere Herzen und zögert nicht, uns auf unsere Vergehen aufmerksam zu machen. Er besteht auf der Wahrheit, wie schmerzhaft sie auch sein mag. Er liebt uns viel zu sehr, um zuzulassen, dass wir ungehindert einen Weg der Selbstzerstörung einschlagen.

Wahre Liebe ist immer beides, weichherzig und unnachgiebig. Möge Gott uns das Feingefühl schenken zu wissen, wann wir die jeweilige Form der Liebe zeigen sollen, und uns den Mut geben, das zu tun, was immer die Liebe verlangt.

Kapitel 8

Aufopfernde Liebe – geben, nicht nehmen

Über die Liebe werden viele seltsame, bisweilen poetische Dinge gesagt. Sie sei hell und glänzend, eine Blume, eine Rose, unbestimmtes Gefühl des Wohlwollens, guter Wille gegenüber allen Menschen und eine glänzende Gelegenheit, den Nöten anderer zu begegnen, was in einem wundersamen Band der Wechselseitigkeit enden wird. Aber aus der heutigen Sicht ist es nicht wichtig, was ich in eine Beziehung einbringen kann, sondern was sie mir bringt.

In der heutigen Zeit klingt das Gleichnis des barmherzigen Samariters nicht gerade wie eine Liebesgeschichte. Mit wenigen Änderungen jedoch wäre es möglich. Ersetzen Sie den verwundeten Reisenden einfach durch eine kurvenreiche Blondine, die hilflos neben ihrem roten Porsche steht, der einen platten Reifen hat. In dieser nacherzählten Geschichte sind Sie als Samariter in der Lage, den Reifen zu wechseln, ohne dabei schmierige Hände zu bekommen oder Ihren Anzug zu beschmutzen. Natürlich steht die Frau neben Ihnen und bewundert Ihre Fähigkeiten und Ihre Stärke. Wenn der Reifen gewechselt und das Werkzeug verstaut ist, gibt sie Ihnen fünf neue Hundertmarkscheine, einen feuchten Kuss auf die Lippen und sagt: »Ich weiß gar nicht, wie ich Ihnen danken soll.«

Irgendwie sieht die Liebe bei mir nie so aus. Das wirkliche Leben entspricht vielmehr der ursprünglichen Geschichte. Ich fuhr beispielsweise einmal bei zwanzig Grad unter Null in einem arktischen Sturm von meinem Training in der Turnhalle nach Hause, als ich sah, wie eine Frau mittleren Alters in einem schmutzigen Toyota von der Straße abkam und in eine Schneewehe geschoben wurde. Eigentlich wollte ich an ihr vorbeifahren. Ich hatte noch einige Dinge zu erledigen, einige Leute zu treffen und noch einige Anrufe zu tätigen; außerdem hatte ich nasse Haare, meine Schuhe waren frisch geputzt und natürlich hatte ich weder

Hut noch Handschuhe dabei. Aber ich hörte die überzeugende Stimme des Heiligen Geistes, der von »Liebe« sprach, drehte widerwillig um und fuhr zurück.

Der Kofferraum der Frau war voller Bücher und Kleidungsstücke, so dass ich Mühe hatte, den Wagenheber zu finden. Als ich ihn schließlich fand, rätselte ich, wie man ihn wohl bediente. Als ich endlich dahinterkam, waren meine Finger bereits an ihm festgefroren. Und als ich das Auto hochgekurbelt hatte, entdeckte ich, dass kein Schraubenschlüssel im Kofferraum war. Glücklicherweise hatte die Frau einen Bekannten, der nur drei Blocks entfernt wohnte. So weit konnten wir fahren und während sie dort eine Tasse heiße Schokolade trank, blieb ich in der ungeheizten Garage, um die Arbeit zu beenden. Sie dankte mir und fuhr weg. Und ich schleppte meinen vor Kälte erstarrten Körper zu meinem Auto, fuhr nach Hause und fragte mich – als mein Gehirn wieder auftaute: »Wo ist dieses wundersam glänzende Ding, von dem man singt? Wenn ich es je finde, bringe ich es um!«

Liebe ist ein Opfer

Ich habe herausgefunden, dass Liebe der Arbeit viel näher kommt als dem Spiel. Es hat viel mehr mit Dienst als mit Heldentum zu tun. Oft ist es ja so, dass wir Liebe geben, anstatt Liebe zu empfangen. Liebe kostet mich unbedingt etwas; in der Regel die drei Dinge, die mir am wertvollsten sind – meine Zeit, meine Energie und mein Geld. Ich kann mich nur schwer von diesen Dingen trennen, weil sie mir lediglich begrenzt zur Verfügung stehen.

Sagen Sie mir, wie man Liebe zeigen kann, ohne Zeit, Energie oder Geld zu investieren, und ich werde grenzenlos glücklich sein. Aber wenn Sie mir geradeheraus sagen, dass »Liebe« ein Synonym für »Opfer« ist, dass Liebe bedeutet, dass ich mit einem Menschen teilen muss, was mir am teuersten ist, dann würde ich darauf nur sehr zögernd eingehen. Vielleicht ist das der Grund dafür, warum viele Christen den Aspekt des Spaßes, der Gemeinschaft und der Erfüllung sehr betonen, ohne das Opfer zu erwähnen. Es ist höchste Zeit, den falschen Glanz, den die Welt – und manchmal auch die Kirche – der Liebe angehängt hat, abzulegen. Es ist Zeit, die Wahrheit zu sagen: *Wahre Liebe opfert sich auf.* Der wohl bekannteste Vers der Bibel im Johannesevangelium Kapitel 3, Vers 16 gibt die biblische Definition der Liebe: »Denn Gott hat die Welt so sehr geliebt, dass er seinen einzigen Sohn hingab, damit jeder, der an ihn glaubt, nicht zugrunde geht, sondern das ewige Leben hat.« Weil Gott um das Wohlergehen der Menschen, die ihm so viel bedeuten, besorgt war, *gab* er – opferte er – seinen einzigen Sohn; und wenn Sie sich um das Wohlergehen anderer sorgen, müssen Sie normalerweise auch Opfer bringen. Sie müssen vielleicht Ihre Zeit, Ihre Energie oder Ihr Geld investieren. Oder es ist möglich, dass Sie Ihre Pläne, Ihre Unabhängigkeit oder Ihre Privatsphäre aufgeben müssen. Um so zu lieben, wie Gott uns liebt, müssen Sie sich vielleicht wegen anderen von Dingen trennen, die Ihnen äußerst wertvoll sind.

Aufopfernde Liebe ist schwer zu begreifen, weil unsere Gesellschaft genau das Gegenteil lehrt. Wir werden fortwährend mit Artikeln, Radio- und Fernsehsendungen und Werbespots bombardiert, die verkünden: »Du bist die Nummer eins. Kümmere dich allein um dich. Lass dir von anderen nicht die Zeit stehlen. Heb dir deine Kraft auf, so dass du die Freizeit genießen kannst. Leg Ersparnisse an, so dass du mehr Geld für dich ausgeben kannst. Nur alles für dich allein – das macht glücklich!«

Mir war nicht bewusst, wie sehr ich die heutigen falschen Werte verinnerlicht hatte, bis ich während meines ersten Jahres an der Universität durch die Aussage eines Professors wachgerüttelt wurde: »Wahre persönliche Erfüllung erreicht man nie durch Selbstverwirklichung.«

Das ist die mutigste, radikalste und der Gesellschaft am wenigsten entsprechende Äußerung, die ich je gehört habe, dachte ich. Es widerspricht allem, was mir je beigebracht wurde. Aber ich erkannte bald, dass sie Jesu Lehre nicht widersprach. »Wer mein Jünger sein will«, sagte Jesus, »der verleugne sich selbst, nehme sein Kreuz auf sich und folge mir nach. Denn wer sein Leben retten will, wird es verlieren; wer aber sein Leben um meinetwillen und um des Evangeliums willen verliert, wird es retten« (Mk 8,34-35). »[…] Wer bei euch groß sein will, der soll euer Diener sein […]. Denn auch der Menschensohn ist nicht gekommen, um sich dienen zu lassen, sondern um zu dienen und sein Leben hinzugeben als Lösegeld für viele« (Mk 10,43-45).

Die Welt schreibt Bücher mit Titeln wie »Denke nach und werde reich«. Wenn Jesus für den heutigen Markt schreiben würde, hieße sein

Buch vielleicht »Liebe und gib dich selbst auf«. Teilen Sie das, was Ihnen etwas bedeutet, mit anderen. Wenn Sie das tun, werden Sie paradoxerweise am Ende eine Art von Erfüllung und Befriedigung erleben, die die meisten Menschen niemals erleben werden.

Aufopfernde Liebe in der Ehe

Lassen Sie uns deutlicher werden. Wie kann man aufopfernde Liebe in der Ehe verwirklichen?

Nach dem Urteil der Welt steigert die Ehe das Lebensgefühl beider Ehepartner erheblich und macht sie zufriedener und glücklicher. So sollte die Ehe keinen der beiden Partner davon abhalten, sein Leben voll auszukosten. Ein Partner sollte die Bedürfnisse des anderen nicht über seine eigenen stellen; das würde zu einem Verlust seiner Persönlichkeit führen. In einer Ehe, die nach der »Weisheit« unserer Gesellschaft geführt wird, folgt wahrscheinlich ein Machtkampf, sobald ein Ehepartner entdeckt, dass er mehr gibt, als er bekommt. Wenn weder die Ansprüche übereinstimmen, noch erfüllt werden können, wird die Ehe oft aufgelöst.

Die weltliche Sicht der Ehe betont größtmögliches Vergnügen bei geringstem Einsatz. Sie ignoriert unheilbare Krankheiten und emotionale Störungen ebenso wie die Geburt eines hilflosen, aber fordernden Babys. Das ist der Grund, warum diese Auffassung von der Ehe zu einer unvorstellbar hohen Scheidungsquote geführt hat. Liebe ohne Opfer hatte noch nie über längere Zeit Bestand.

In der Welt Gottes gelten völlig andere Gesetze. Gott sagt, dass jeder seinem Ehepartner direkt in die Augen schauen und ihm sagen soll: »Ich liebe dich.« Was nach der biblischen Definition soviel heißt wie: »Ich sorge mich so sehr um dein Wohlbefinden, dass ich bereit bin, dich hundertprozentig zu unterstützen, dich aufzubauen und dich anzufeuern. Ich weiß, dass mich das Zeit, eine Menge Energie und meine Mittel kosten wird. Ich werde voll hinter dir stehen.« Anstelle eines Machtkampfes, bei dem jeder versucht, die Oberhand zu behalten, wetteifern die beiden darum, wer dem anderen mehr dient.

Meine Frau weiß, wie man aufopfernd liebt. Kürzlich führte ich sie zum Abendessen aus und sie sagte mir: »Ich habe festgestellt, dass die

Anforderungen an dich steigen. Vielleicht sollte ich aufhören zu schreiben und mich darauf konzentrieren, dich besser zu unterstützen.«

Obwohl ich versucht war, zu sagen: »Großartig! Und wenn du schon so etwas vor hast, möchtest du bitte noch meinen Rücken kraulen?« Ich hielt mich zurück, weil ich wusste, dass sie mir einen ihrer liebsten Schätze angeboten hatte. »Nein«, sagte ich, »ich will, dass du deine Fähigkeiten entfaltest. Gib das Schreiben nicht auf. Vielleicht sollte ich öfter ›Nein‹ sagen, damit du dich entfalten kannst.« Und das war dort im Restaurant ein Streitgespräch – nicht eines, das zerstört, sondern eines, das aufbaut.

Aufopfernde Liebe ist der Grundstock einer beständigen Ehe – selbst dann, wenn sie zu Auseinandersetzungen in Restaurants führt. Darüber hinaus ist sie der Grundstock tiefer Freundschaft.

Sich für seine Freunde opfern

Die Gesellschaft versteht nach meiner Überzeugung das biblische Prinzip von Gemeinschaft nicht. Sie empfiehlt, dass man gleichgesinnte Menschen derselben Einkommensklasse, mit derselben Parteizugehörigkeit und ungefähr dem gleichen Handicap beim Golfspielen als Freunde suchen sollte. Dies sind ungefährliche Menschen, die nicht beginnen, um seelsorgerische oder finanzielle Unterstützung zu bitten. Hält man einen gesunden Abstand zu ihnen, wird diese Beziehung nicht durch Verpflichtungen oder Erwartungen getrübt.

Diese Freundschaften währen so lange, bis man im Leben einen Tiefstand erreicht. Man wird mit einem drückenden Problem, einem tragischen Verlust oder einer schweren Krankheit konfrontiert und stellt plötzlich fest, dass sich niemand um einen kümmert. Man hat nie in das Leben eines anderen investiert und so ist jetzt, wenn man etwas abheben möchte, kein Geld auf der »Freundschaftsbank«.

Christliche Freundschaften sind anders. Man findet einige sympatische Menschen und beschließt von Anfang an, sich hundertprozentig in diese Beziehung zu investieren. Weil man sich regelmäßig trifft und unterhält, erhält man Zutritt zum Leben eines anderen. Man ermutigt sich, kümmert sich um die Belange, fordert heraus und kritisiert. Opfer gehören dazu. Vor einiger Zeit schrieb mir ein enger Freund einen Brief, der folgendermaßen begann: »Ich wollte dir nur ganz offiziell sagen, dass alles, was ich habe, auch dir zur Verfügung steht. Wenn du und deine Familie jemals in irgendeiner Form Hilfe brauchen, dann lasst es mich einfach wissen.« Ein Kollege erzählte mir einmal: »Ich weiß, dass ich jetzt zum Telefon gehen und fünf Freunde anrufen könnte, die mir ihr Auto, Hilfe oder eine Unterkunft geben würden, wenn ich es bräuchte. Das ist einer der größten Segen in meinem Leben.«

Diese aufopfernde Liebe ist der Grundstock wahrer Freundschaft und guter Ehen. Sie ist auch in anderen Bereichen dienlich. In der Geschäftswelt beispielsweise kann sie unseren Umgang mit unseren Kollegen, Angestellten und Kunden verbessern. In unseren Gemeinden kann sie viele Menschen erreichen und ihr Leben bereichern.

Mein Vater beendete seine Briefe an mich immer mit den gleichen Worten: »Liebe die Menschen, die deine Liebe am meisten brauchen.« In Kalamazoo, Michigan, half er einem Blinden, ein Restaurant zu eröffnen, und arbeitete daran, ein Obdachlosenheim für Vagabunden im Zentrum zu errichten. Als vietnamesische Flüchtlinge ins Land strömten, kümmerte er sich um vier oder fünf Familien, damit sie Unterkunft, ein Auto und einen Beruf fanden; so setzte er diese Form der Liebe in die Tat um. Zusätzlich zu seiner großen beruflichen Verantwortung leitete mein Vater fünfundzwanzig Jahre lang jeden Sonntagnachmittag einen Chor und hielt eine Bibelstunde für hundert geistig zurückgebliebene Frauen im staatlichen Krankenhaus. Das ist aufopfernde Liebe – und die heutige Welt benötigt noch viele solcher Beispiele.

Ausgebrannt!

Aufopfernde Liebe hat nur einen Nachteil: Wenn man sich ihr wirklich hingibt, wird man schnell feststellen, dass dies äußerst kraftraubend ist. Nachdem man einen gewissen Teil gegeben, gedient und investiert hat, kann es sein, dass man anfängt, sich leer zu fühlen, so als hätte man nichts mehr, was man geben könnte. Man fährt ohne »Treibstoff«.

Menschen mit viel Rückgrat und viel Selbstdisziplin sagen in dieser Situation: »Obwohl ich keinerlei Liebe mehr in mir verspüre, werde ich dennoch weiterhin geben. Es ist die Tat, die zählt, nicht das Gefühl.« Doch das stimmt nicht ganz. Schließlich kommen sie doch an den Punkt, an dem sie nicht nur leer, sondern auch wütend sind. Wütend auf Menschen, die Gott wertvoll sind, vielleicht sogar wütend auf Gott selbst. Menschen stellen schließlich nur noch Probleme dar, denen man am besten aus dem Weg geht. Anrufe werden zur Belästigung; Briefe, selbst von Freunden, sind einfach Verpflichtungen; unerwartete Besucher sind Eindringlinge. Jeder, der immer an der vordersten Front gekämpft und anderen seine Liebe gezeigt hat, kennt das Gefühl: »Ich kann mit dem Schmerz, der Not, der Verletzung eines anderen, ja sogar mit dem anderen selbst nicht mehr umgehen. Ich möchte davonlaufen, eine Mauer um mich herum aufbauen oder Einsiedler werden.« An diesem Punkt ist die Versuchung besonders groß, die Liebe zu anderen völlig aufzugeben. Immer wieder höre ich Menschen sagen: »Ich hatte einmal regen Kontakt zu anderen. Ich hatte einmal Freundschaften und engagierte mich für andere. Aber ich bin ausgebrannt und halte ich mich von Verbindlichkeiten gegenüber anderen Menschen fern.« Das ist natürlich eine Möglichkeit, mit dem Gefühl des *Burn-out* umzugehen. Aber es gibt noch einen besseren Weg.

Wenn man glaubt, dass man keine Liebe mehr hat, kann man den Tank dennoch wieder aufzufüllen. Es ist möglich, die Menschen nicht nur aufopfernd, sondern auch treu zu lieben. Das ist es, wozu Gott uns beruft – Menschen nicht wie beim Kurzstreckenlauf, sondern wie beim Marathonlauf zu lieben. Um das zu vollbringen, müssen wir lernen, neu aufzutanken, wenn keine Liebe mehr in uns ist.

Geistlich auftanken

Im ersten Buch Samuel, Kapitel 30 findet man eine eher unbekannte Geschichte aus Davids Leben, bevor er König wird. Damals ist er noch ein geächteter Heerführer. David liebt, führt, hilft und dient den Menschen, bis er fast keine Liebe mehr in sich hat. Er ist wie ausgebrannt, als eine gegnerische Truppe in das Lager einfällt und die Frauen und Kinder Davids und seiner Leute gefangen nimmt. Die empörten Leute sprechen davon, David zu stürzen und ihn sogar zu töten. David kann nicht noch mehr ertragen. Er würde seine Führungsposition am liebsten aufgeben. Er würde am liebsten auf den Boden spucken und seine Leute verlassen. Er hat sie satt und er ist erschöpft. Was kann er tun?

Die Antwort kann man in einer erstaunlich kurzen Äußerung finden: »Aber David fühlte, daß der Herr, sein Gott, ihm Kraft gab« (1 Sam 30,6). Er zieht sich von den Menschen zurück und führt ein langes Gespräch mit Gott. Für eine kurze Zeit lässt er sich von Gottes Liebe umhüllen. Er erinnert sich daran, dass Gott für uns Zuflucht, Stärke und ein bewährter Helfer in allen Nöten ist (vgl. Ps 46,2). Er verbringt eine einsame Zeit mit Gott, bis sein geistlicher Energievorrat wieder aufgefüllt ist.

Jesus tat nach langen Phasen des Liebens, Dienens, Heilens, Seelsorgens und Lehrens dasselbe.

> »Nachdem er sie weggeschickt hatte, stieg er auf einen Berg, um in der Einsamkeit zu beten« (Mt 14,23).
>
> »Sein Ruf verbreitete sich immer mehr, so daß die Menschen von überall herbeiströmten. Sie alle wollten ihn hören und von ihren Krankheiten geheilt werden. Doch er zog sich an einen einsamen Ort zurück, um zu beten« (Lk 5,15-16).

Jesus benötigte einen Zeitraum, in dem er mit dem Vater allein war, um wieder »aufzutanken«. Und wenn schon David und Jesus diese geistliche »Erquickung« nötig hatten, was ist dann mit uns?

Wir müssen lernen, innezuhalten und aus der Tretmühle auszusteigen, die Einsamkeit zu suchen und uns von Gott wieder neue Kraft geben zu lassen. Eine Möglichkeit ist eine tägliche Gebetszeit, ehe die Ereignisse des Tages über Sie »hereinbrechen«. Beten Sie und lesen Sie im Wort Gottes. Erlauben Sie ihm, Ihre geistliche Energie zu erneuern. Manche Menschen können sich beim Anhören christlicher Musikkassetten geistlich stärken. Wenn ich manchmal zu einer Verabredung fahre und stark angespannt bin, schalte ich die Nachrichten mit ihren Katastrophen und der Werbung aus und lege eine Lobpreiskassette ein. Nach einer halben Stunde Fahrt ist mein Geist durch den Heiligen Geist wieder »erfrischt«.

Ich kenne einen Mann, der sich in seiner Mittagspause fünfzehn Minuten Zeit nimmt, um sich geistlich »neu zu beleben«. Fast jeden Tag schließt er die Tür seines Büros ab und liest biblische Verheißungen.

Andere Menschen gehen jeden Abend spazieren und beten Gott während des Spazierganges an, wiederum andere spielen Musikinstrumente, lesen christliche Bücher oder singen Lieder für Gott. Es gibt nicht nur einen richtigen Weg, sich mit Gottes Hilfe zu erfrischen; die Möglichkeiten sind unerschöpflich. Versuchen Sie ruhig, Ihren Weg zu finden, der für Sie gut ist, denn wenn Sie dies lernen, dann haben Sie zugleich auch gelernt, wie Sie immer wieder »auftanken« können, um permanent aufopfernd und ausdauernd zu lieben.

Emotional auftanken

Es ist jedoch nicht nur wichtig, Ihre geistliche Tankanzeige im Auge behalten. Auch Ihre emotionale Tankanzeige sollten Sie immer beobachten. Es kann sein, dass Sie Ihre geistlichen Reserven immer wieder auffüllen und sich doch vollkommen von der Liebe verlassen vorkommen.

Größere Einschnitte im Leben können Sie emotional auslaugen: der Tod des Ehepartners, Scheidung, eigene Verletzung oder Krankheit, Verlust des Arbeitsplatzes, Wohnortwechsel. Selbst glückliche Ereignisse wie Familienferien oder die Geburt eines Kindes können einen Menschen gefühlsmäßig auspumpen.

Kürzlich hatte ein Freund von mir fünf außerordentlich schwierige Gespräche an einem Tag. Als er an diesem Abend das Büro verließ, ging es ihm geistlich großartig – aber emotional war er erschöpft. Im Geschäftsleben macht man oft ähnliche Erfahrungen. Man muss jemanden entlassen oder etwas umgestalten. Ihr Vorgesetzter verlangt, dass Sie ein wichtiges Projekt nochmals überarbeiten. Der Computer stürzt ab. Auch zu Hause kommt es zu emotionaler Erschöpfung. Das Abflussrohr ist verstopft und der Klempner lässt auf sich warten. Die Kinder stecken sich eines nach dem anderen mit Windpocken an. Sie erfahren, dass Ihr Sohn drogenabhängig ist. Wenn Ihr emotionaler Tank leer ist, werden Sie wahrscheinlich kein Interesse am Wohlergehen anderer verspüren, gleichgültig, wie sehr Ihr geistlicher Tank auch angefüllt sein mag.

Wie kann man sich emotional »erfrischen«? Es gibt grundsätzlich zwei Möglichkeiten. Erstens, die *Entspannung*. Manche Menschen lehnen diese Möglichkeit von vornherein ab. Sie bevorzugen den schnellen Weg – und wenn sie emotional aufgeputscht werden wollen, erreichen sie das durch eine Tablette oder eine Spritze. Aber es gibt keine schnelle Lösung. Um emotionale Reserven zu erneuern, müssen Sie Ihr Tempo drosseln, sich eine Pause gönnen, die Füße hochlegen, tief durchatmen und keine Anrufe entgegennehmen. Lassen Sie der Natur ihren Lauf und erfrischen Sie neben Ihrer normalen Stärke auch ihre emotionale.

Die zweite Möglichkeit, sich emotional aufzubauen, besteht in der *Erholung durch bestimme Aktivitäten.* Darunter fallen bestimmte Tätigkeiten, die Sie aktivieren, inspirieren und neu für das Leben begeistern. Für meine Frau ist es lesen, schreiben und Flöte spielen. Für mich ist es das Segeln. Vielleicht ist es für Sie der Spaziergang mit dem Hund, das Squash-Spielen oder das Unkrautjähten im Garten. Sie müssen vielleicht einige Zeit experimentieren, ehe Sie herausfinden, was für Sie das Beste ist. Sie werden es in dem Moment wissen, wenn Sie es gefunden haben. Wenn Sie diese Beschäftigung – gleich welche – einige Stunden ausüben, werden Sie emotional erfrischt und fähig, andere wieder aufopfernd und treu zu lieben.

Körperlich auftanken

Wenn Sie voller geistlicher und emotionaler Energie sind und Ihnen dennoch danach zu Mute ist, sich hinter dem nächsten Schrank zu verstecken, sobald Sie im Flur Schritte hören, müssen Sie vielleicht Ihre physische Tankanzeige überprüfen.

An einem Abend vor dem Erntedankfest ging ich zu einem Treffen in die Kirche, das sehr lange dauerte. Obwohl wir nicht vor fünf Uhr morgens ins Bett gekommen waren, mussten wir früh aufstehen, um Verwandte in Michigan zu besuchen. An diesem Morgen des Erntedankfests war ich geistlich in guter Verfassung und auch emotional war ich in zufriedenstellendem Zustand. Aber körperlich war ich wie erschlagen.

Jede Unterhaltung bedeutete für mich harte Arbeit. Jemand erzählte mir einen Witz und ich dachte: Sei kein Dummkopf, Bill – lach doch! Verwandte kamen zu mir in der Hoffnung, ich würde ihnen Anregungen für eine wichtige Entscheidung geben, die sie treffen mussten. Aber als ich mich mit ihnen unterhielt, sagte eine leise Stimme in meinem Kopf: »Warum löst du deine Probleme nicht selbst? Ich bin nicht hergekommen um seelsorgerisch tätig zu werden. Ich bin wegen des Truthahns hier. Wenn du ein Gespräch möchtest, dann rufe meine Sekretärin an. Sicher ist im Juni noch ein Termin frei.« Ich habe mich sehr angestrengt, meine wahren Gefühle zu verbergen, und ich glaube nicht, dass größerer familiärer Schaden entstanden ist. Jedoch fühlte ich mich erst am nächsten Tag wieder wie ich selbst, nachdem ich Zeit gehabt hatte, mich physisch zu erholen. Heutzutage sind viele Menschen ununterbrochen körperlich überbelastet. Die meisten von ihnen wissen nicht, wie sehr ihre physische Verfassung ihre Versuche vereitelt, andere Menschen zu lieben. Sie erkennen nicht, dass körperliche Energie vonnöten ist, um zuzuhören, zu konfrontieren und zu kritisieren. Physisch erschöpfte Menschen haben nicht nur wenig Energie; sie neigen auch dazu, schnell gereizt, skeptisch, unberechenbar und abschätzig zu sein. Es fällt ihnen schwer, andere zu lieben, und auch anderen gelingt dies nur mit Mühe.

Wie kann man sich körperlich in Form halten? Sie kennen die drei Regeln: richtige Ernährung, ausreichend Schlaf und Sport. Die meisten Amerikaner und Europäer essen viel zu viel Zucker und Fett; folglich sind viele von uns übergewichtig. Das ist auch der Grund, warum wir zuckerkrank werden und eine große Zahl von Herzkranken zu verzeichnen haben. Es ist unmöglich, eine gute körperliche Kondition mit schlechter Ernährung aufrecht zu erhalten.

Hinzu kommt, dass viele von uns nachlässig mit ihrem Schlaf umgehen. Wenn Sie nicht einigermaßen ausgeschlafen aufwachen, kann es daran liegen, dass Sie nicht genügend Zeit im Bett verbringen. Oder vielleicht ist die Zeit, die Sie im Bett verbringen, alles andere als erholsam, weil Sie der Kaffee, den Sie während des vergangenen Tages getrunken haben, oder die Peperoni-Pizza, die Sie um Mitternacht gegessen haben, wach halten.

Und für die meisten von uns ist der einzige Sport, den wir treiben, den Flur hinunter zum Kopieren zu gehen. Wir behaupten, wir hätten keine Zeit oder Kraft, Sport zu treiben, obwohl Experten medizinisch bewiesen haben, dass Sport den Energievorrat wiederherstellt und sogar den Bedarf an Schlaf senkt.

Wenn Sie geistlich und emotional in guter Verfassung sind, sich aber dennoch ausgebrannt fühlen, überprüfen Sie Ihre Ernährungs- und Schlafgewohnheiten und Ihre sportlichen Aktivitäten. Vielleicht genügen schon wenige kleine Veränderungen in Ihren Alltagsgewohnheiten, um Ihren Tank zu füllen und Ihnen neue Kraft zu geben, anderen zu dienen.

Der Lohn der Hingabe

Es ist nicht leicht, ernsthaft zu lieben. Es wird Sie mehr kosten, als Sie sich vorstellen können. Nachdem Sie alle Zeit, Kraft und alles Geld, das Sie geben können, investiert haben, werden Sie sich Zeit nehmen müssen, aufzutanken, um anderen weiterhin mit Hingabe dienen zu können. Aber die aufopfernde Liebe wird Sie mehr belohnen, als Sie sich je erträumt hätten.

Die Bibel erzählt von einer Zeit, in der sich auch Petrus fragte, ob sich die Opfer, die er brachte, lohnten:

> »Da antwortete Petrus: Du weißt, wir haben alles verlassen und sind dir nachgefolgt. Was werden wir dafür bekommen? Jesus erwiderte ihnen: Amen, ich sage euch: Wenn die Welt neu geschaffen wird und der Menschensohn sich auf den Thron der Herrlichkeit setzt, werdet ihr, die ihr mir nachgefolgt seid, auf zwölf Thronen sitzen und die zwölf Stämme Israels richten. Und jeder, der um meines Namens willen Häuser oder Brüder, Schwestern, Vater, Mutter, Kinder oder Äcker verlassen hat, wird dafür das Hundertfache erhalten und das ewige Leben gewinnen« (Mt 19,27-29).

Wenn Sie sich ganz für Gott und die Menschen einsetzen, wird Gott in so reichem Maße Liebe ausschütten, dass Sie sich eine Zeitlang wundern, wie erfüllt Ihr Leben ist. Sie werden entdecken, dass Sie spontan Gott loben. Sie werden sich singen hören: »Du durchdringst meine Seele. Du schenkst mir Leben in Fülle!« Die verfälschte Liebe von heute bietet derartige Belohnungen nicht. Wie mein Professor sagte: »Wahre persönliche Erfüllung erreicht man niemals durch Selbstverwirklichung.« Man erlangt sie stattdessen durch Opfer.

Kapitel 9

Radikale Liebe – den Kreislauf der Feindseligkeit durchbrechen

Wir haben die Liebe aus verschiedenen Blickwinkeln betrachtet. Wir haben gesehen, dass man sowohl hartnäckig als auch empfindsam sein muss und dass es ohne Opfer kaum geht. In der Bergpredigt spricht Jesus jedoch noch über eine weitere Form der Liebe:

> »Ich aber sage euch: Leistet dem, der euch etwas Böses antut, keinen Widerstand, sondern wenn dich einer auf die rechte Wange schlägt, dann halt ihm auch die andere hin. Und wenn dich einer vor Gericht bringen will, um dir das Hemd wegzunehmen, dann laß ihm auch den Mantel. Und wenn dich einer zwingen will, eine Meile mit ihm zu gehen, dann geh zwei mit ihm« (Mt 5,39-41).

Ich glaube, dass Jesus mit diesen uns vertraut klingenden Worten versuchen wollte, seine Jünger zu ermuntern, den nächsten Schritt in ihrem Verständnis christlicher Liebe zu unternehmen. Er sagte zu ihnen: »Freunde, ihr macht beachtliche Fortschritte in eurem Bemühen, mir zu folgen. Wenn es aber um das Verständnis zwischenmenschlicher Beziehungen geht, benötigt ihr ein paar einfache, praktische und überraschende Informationen. Ich wünsche mir, dass eure Freundschaften wachsen. Beachtet also aufmerksam meine nüchternen Alltagsbeispiele, die zeigen, was es heißt, so zu lieben, wie ich liebe.«

Ein Schlag ins Gesicht

Überlegen Sie, wie Jesu Ausführungen auf die Jünger gewirkt haben müssen: Stellen Sie sich vor, Sie laufen durch die belebten Straßen Jerusalems. Sie entdecken einige Menschen, die an einer Ecke stehen und politische Themen diskutieren. Da Sie ein paar von ihnen kennen, schlendern Sie hinüber und hören genauer hin. Dann fordert Sie jemand auf, Ihren Standpunkt zur politischen Lage in Jerusalem darzulegen. Sie kommen der Aufforderung begeistert nach, indem Sie einige gut durchdachte Vorschläge vorbringen, die die Probleme Jerusalems lösen könnten. Ihnen ist bewusst, dass einige davon ziemlich kühn sind. Mit einem Seitenblick stellen Sie fest, dass einer der Männer vor Zorn rot anläuft. Plötzlich stellt er sich vor Sie hin und schlägt Sie mit aller Kraft ins Gesicht.

Im Jerusalem des ersten Jahrhunderts stellte ein Schlag ins Gesicht die höchste Demütigung dar. Bis heute ist das fast sprichwörtlich geblieben, wenn wir beleidigt werden: »Das war wie ein Schlag ins Gesicht.« Für Sie besteht kein Zweifel daran: Sie sind öffentlich von einem arroganten, überheblichen Ignoranten gedemütigt worden. Sie können noch die Wucht seines Schlages auf Ihrem Gesicht spüren. Ihr Adrenalinspiegel steigt; Ihre Wut wird immer größer. Ihre *Ehre* steht auf dem Spiel. Sie wissen, dass Sie diesen Kerl mit einem Schlag in den Boden stampfen könnten, wenn Sie wollten. Und Ihre innere Stimme ruft: »Los, hau ihm eine runter ...«

Der Augenblick der Wahrheit ist gekommen. Was werden Sie tun? In der Bergpredigt fordert Jesus seine Jünger zu *radikaler Liebe* auf. Schlagen Sie nicht zurück. Schreien Sie Ihr Gegenüber nicht an. Geben Sie ihm keinen Tritt gegen das Schienbein. Verfluchen Sie ihn nicht insgeheim. Schauen Sie dem Mann stattdessen direkt in die Augen und denken Sie daran, dass er trotz seiner Überheblichkeit und seiner Wut für Gott wertvoll ist. Selbst in diesem Augenblick streckt sich Gott nach ihm aus. Tatsächlich sucht er nach jemandem, durch den er diesem Kerl seine Liebe zeigen kann. Graben Sie also die Fundamente Ihres Glaubens aus und lieben Sie ihn. Handeln Sie radikal, so dass es sein Leben verändert. Wenn es in seiner Seele Spuren hinterlässt, wenn Sie ihm die andere Wange für einen zweiten Schlag hinhalten, dann tun Sie es!

Können Sie sich vorstellen, wie schwer es für die Jünger gewesen sein muss, diese Herausforderung Jesu anzunehmen? Nachdem sie in einer Gesellschaft geboren und aufgewachsen sind, in der Vergeltung selbstverständlich ist, wissen sie alles über männliche Ehre. Hier die andere Wange hinhalten? Was für eine verrückte Idee!

Jenseits von Recht und Ordnung

Das zweite Beispiel, das Jesus nennt, erfordert eine kurze Erklärung der fernöstlichen Kleidungsgewohnheiten zu dieser Zeit. Die Menschen trugen einen Art Unterrock aus weichem Stoff direkt auf der Haut. Die meisten hatten mehrere davon. Über dieses Innengewand trugen sie einen schweren, warmen, weiten Umhang, der zwei Aufgaben erfüllte: Während des Tages diente er als Mantel (etwa wie unsere heutige Sportjacke), in der Nacht als Decke.

Im damals herrschenden Klima war ein Mensch ohne den Übermantel in der kalten Nacht arm dran. Dieses Obergewand war in der Tat so wichtig, dass es gesetzlich geschützt wurde. Im Handel war es damals üblich, dass die Männer gegenseitig die Kleidung als Pfand behielten, bis der Handel abgewickelt und die Ware geliefert war. Normalerweise wurde das Innengewand verlangt, weil selbst ein armer Mann noch ein zweites hatte. Das Obergewand wurde dafür in der Regel nicht hergenommen, weil es gesetzwidrig war, den Mantel eines anderen über Nacht zu behalten, selbst wenn dieser sich nicht an den Handel hielt. Der Mantel musste ihm bis zum Sonnenuntergang zurückgegeben werden, weil er andernfalls nichts gehabt hätte, um sich gegen die Kälte der Nacht zu schützen.

Vor diesem Hintergrund ist Jesu Aufforderung erstaunlich. Wenn Sie mit jemandem einen Handel abschließen und sich aus irgendeinem Grund nicht daran halten können, dann geben Sie natürlich das Innengewand her, sollte ihr Handelspartner dieses als Pfand über Nacht verlangen. Aber gehen Sie noch einen Schritt weiter. Bieten Sie ihm zusätzlich Ihren Mantel an. Sehen Sie ihm in die Augen und sagen Sie: »Ich kenne das Gesetz. Geschäft ist Geschäft und ich habe meinen Teil nicht erfüllt. Bitte nimm meinen Mantel, obwohl es mir rechtmäßig zustünde, ihn zu behalten. Es ist mir wichtig, als vertrauenswürdiger Handelspartner anerkannt zu sein, und ich kann eine Nacht ohne meinen Mantel auskommen. Gibt es übrigens irgendetwas, das ich für deine Familie tun kann?«

Jesus sagt ganz deutlich, dass die Forderungen nach radikaler Liebe oft das geschriebene Gesetz übersteigen. Liebe verlangt nie danach, mit dem Mindesteinsatz davonzukommen. Sie geht über bloßes Einhalten von Gesetzen hinaus und bietet ungeheure Dienste an.

Die zweite Meile

Das dritte Beispiel traf die jüdischen Zuhörer mitten in die Seele. Es betraf eine Praxis, die sie besonders verabscheuten – *die Unterdrückung* durch die Römer. Zu jener Zeit wurde Israel von Rom regiert. Im ganzen Reich waren Prokuratoren eingesetzt und Soldaten hielten die verschiedenen Provinzen besetzt. Ein römischer Soldat hatte das Recht, zu jeder Tages- und Nachtzeit einen Zivilisten anzuhalten und ihn zu einem Dienst zu verpflichten. Der Soldat konnte einen Zivilisten zwingen, ihm Mahlzeiten zuzubereiten, Wäsche zu waschen, Unterkunft zu gewähren oder was immer der Soldat forderte.

Die Juden hassten es jedoch besonders, wenn ein römischer Soldat von ihnen verlangte, sein Gepäck zu tragen. Immer, wenn Truppen ihren Standort wechselten, tauchten Soldaten auf, tippten den jüdischen Männern mit ihrer Lanze auf die Schulter und sagten: »Trag diese Tasche und den Sack mit der Verpflegung, und zwar schnell.« Egal, was der Zivilist gerade tat – ob er schlief, ein Feld umpflügte oder seine Waren verkaufte –, er musste seine Tätigkeit unterbrechen und dem Soldaten gehorchen. Es gab jedoch eine Einschränkung: Da die Juden diese Regelung so sehr hassten, begrenzten die römischen Offiziere scheinbar den Machtbereich ihrer Männer nach einiger Zeit. Sie konnten einen Juden nur noch dazu zwingen, ihre Taschen höchstens eine Meile zu tragen.

Stellen Sie sich also einen römischen Soldaten vor, der Sie am Kragen packt, Ihnen einen schweren Koffer in den Magen schiebt und sagt: »Trag das, Kumpel.« Er läuft gemütlich neben Ihnen her und isst Obst, während Sie stolpern und sich über alle Maße anstrengen, seine Tasche zu schleppen. Wie sollen wir – nach Jesu Wort – reagieren? Wenn Sie die vorgeschriebene Meile hinter sich gebracht haben, gäbe es verschiedene Möglichkeiten, sich zu verabschieden: Sie könnten den Koffer auf den Boden werfen, in der Hoffnung, dass etwas Zerbrechliches darin kaputt ginge, oder aber den Staub von den Kleidern abschütteln und auf den Boden spucken, um Ihre Verachtung für diesen heidnischen Soldaten und seine abscheuliche Vorgehensweise zu demonstrieren. Aber Jesus macht ganz deutlich, dass Sie ihm radikale Liebe erweisen sollen.

Sagen Sie, wenn Sie ans Ende dieser Meile kommen: »Herr, kann ich Ihnen noch irgendeinen weiteren Dienst erweisen? Gott hat mir für seine gesamte Schöpfung Liebe ins Herz gelegt, wobei Sie mit eingeschlossen sind, ob Sie sich dessen bewusst sind oder nicht. Sie bedeuten ihm so viel, dass es ein Vorrecht für mich wäre, Ihnen dienen zu können. Wenn Sie also wollen, dass wir noch eine weitere Meile gemeinsam zurücklegen, werde ich mit Ihnen gehen.«

Beispiele verstehen

Wie Jesus eindeutig zu verstehen gab, sollte es die höchste Priorität im Leben jedes Gläubigen sein, Gott mit ganzem Herzen, mit ganzer Seele und mit allen Gedanken zu lieben (vgl. Mt 22,37-40). Die zweite Zielsetzung sollte darin zu sehen sein, die Menschen auf radikale und unverhältnismäßige Weise zu lieben, da sie alle dem Herrn wertvoll sind.

Seit fast 2 000 Jahren lesen die Menschen immer wieder Jesu Bergpredigt und bitten den Heiligen Geist, ihnen zu helfen, diese drei Beispiele zu verstehen und auf ihr Leben anzuwenden. Gläubige haben eine ganze Reihe von Schlussfolgerungen aus dieser Predigt gezogen und auch ich habe noch viele Fragen in Bezug auf ihre Bedeutung für mein Leben. Aber diese Gleichnisse beinhalten einige allgemein gültige Aussagen, die ganz einfach zu verstehen sind.

Ein eindeutiges Prinzip dieser Gleichnisse besagt, dass es sich bei Vergeltung um eine Sackgasse handelt. Rache verursacht und steigert lediglich Feindseligkeit. Jemand muss diesen Teufelskreis durchbrechen – und Gott möchte, dass Sie oder ich derjenige sind.

Eine andere Bedeutung dieser Gleichnisse liegt fraglos darin, dass der männliche Stolz nicht die wichtigste Sache der Welt ist. Ich muss lernen, mit den Beleidigungen im Alltag umgehen zu können – wenn man mir im Straßenverkehr die Vorfahrt nimmt, wenn sich jemand in der Schlange vor mich drängelt oder ich in einem Gespräch unterbrochen werde. Ich muss die Abwehr hinter mir lassen und lernen, Schläge einzustecken anstatt zurückzuschlagen.

Schließlich betonen die Gleichnisse einfach die verborgene Kraft der zweiten Meile. Wenn wir das absolute Minimum des Dienens überbieten oder über die Aufforderung nach Pflichterfüllung hinausgehen, übt das oft eine unvergessliche Wirkung auf Menschen aus.

Jesu Art und Weise zu lieben war vollkommen neu. Die Gesetze des Alten Testamentes schützten gewissenhaft das Recht – »Auge um Auge und Zahn um Zahn« –, aber Jesus ging mit diesen drei Beispielerzählungen weit über das damalige Gerechtigkeitsdenken hinaus. Warum wollte er, dass seine Jünger radikal liebten – ohne Vergeltungsgedanken und uneigennützig?

Feindseligkeiten beenden

Erstens weiß Gott, dass man radikal lieben muss, um den Teufelskreis der zwischenmenschlichen Feindseligkeit zu durchbrechen. An dem Tag, als Kain seinen Bruder Abel angriff und ihn erschlug (vgl. Gen 4,8), begann dieser Kreislauf und hat seitdem nie aufgehört, sich fortzubewegen.

Ein Freund von mir ist Sanitäter im *Humboldt Park*, einem Chicagoer Stadtteil, der wegen seiner Banden berüchtigt ist. »Du weißt ja, wie das ist«, erzählte er mir. »Es beginnt mit einem kleinen Missverständnis. Es eskaliert, wenn sich jemand verletzt fühlt und er einen sarkastischen Ton anschlägt. Der Sarkasmus provoziert eine Beleidigung, die eine Drohung herausfordert. Dann kommt eine Herausforderung, die an der männlichen Ehre kratzt. Und schließlich packen sie die Totschläger, Messer und Pistolen aus. Das Blut fließt und Fleisch wird zerfetzt. Wenn alles vorbei ist und alle auf einem Haufen liegen, rufen sie uns. Wir kommen und sammeln die Einzelteile ein.«

Seit Jahrtausenden nehmen Streitigkeiten diesen Verlauf. Zugegeben, in einer »kultivierten Vorortgegend« enden die meisten Feindseligkeiten nicht in einem Nahkampf. Meist führen sie vielmehr zu einem Kalten Krieg, zu Distanz, Misstrauen, Entfremdung, Bitterkeit, Schimpfworten, übler Nachrede, Trennung und Isolation und schließlich zu einer Klage vor Gericht. Obwohl wir selten mit unseren Fäusten kämpfen, können wir großen Schaden anrichten, ohne unseren guten Anzug dabei schmutzig zu machen.

Aber der Kreislauf der Feindseligkeit muss durchbrochen werden, wenn es zwischenmenschlich in dieser Welt harmonisch zugehen soll. Dies erfordert radikale Liebe ohne Vergeltungsgedanken. Es muss jemanden geben, der einen Schlag, eine Verletzung oder einen Hieb einsteckt anstatt zurückzuschlagen. Jemand muss eine Ungerechtigkeit schlucken anstatt einem weiteren Menschen Leid zuzufügen; einer muss der immer wiederkehrenden Grausamkeit einen Riegel vorschieben. Gott sagt zu jedem von uns: »Du kannst das, wenn du bereit bist, radikal lieben zu lernen.«

Sind Sie bereit, in Ihrer Ehe derjenige zu sein, der das Eis des Schweigens bricht, wenn Gefühle verletzt worden sind? Sind Sie darauf vorbereitet, an Ihrem Arbeitsplatz zu sagen: »Ich bitte dich um Verzeihung – lass mich dir bei deinen Aufgaben helfen, um dir die Last zu erleichtern«? Oder sind Sie vielleicht bereit, in der Schule Ihre Aufgaben bereitwillig und freudig zu erledigen und anzubieten, noch mehr zu tun – auch dann, wenn der Lehrer oder Professor unangenehm und fordernd ist? Gott sucht nach radikal Liebenden, die sich zum Dienst melden.

Radikale Liebe – Hilfe für die Verkündigung

Der zweite Grund, warum Gott uns dazu herausfordert, radikal, ohne Vergeltungsgedanken und selbstlos zu lieben, ist der, dass nichts einen tieferen Eindruck bei geistlich »verhärteten« Männern und Frauen hinterlässt als diese Liebe. Wenn Sie die Liebe Jesu Christi auf persönliche Art und Weise erfahren haben, dann liegen Sie vielleicht manchmal nachts wach und überlegen, wie Sie im Leben anderer Zeichen setzen können, so dass auch diese erfahren können, was Sie gefunden haben. Sollten Sie vielleicht einen Anstecker an Ihrem Pulli tragen? Oder einen Aufkleber an die Heckscheibe Ihres Autos kleben? Eine große Bibel in Ihr Büro legen? Es gäbe auch die Möglichkeit, den Menschen ausdrücklich mitzuteilen, dass sie nicht in Sexfilme gehen sollten oder ähnliche Dinge. Jesus sagt, dass man radikale Liebe zeigen muss, um bei jemandem tatsächlich einen bleibenden Eindruck zu hinterlassen. In dieser Form der Liebe steckt so viel verheißungsvolle Kraft, dass selbst abgestumpfte Menschen aufmerken. Sie können nicht verstehen, warum Sie Ihre Rechte nicht in Anspruch nehmen und sich von anderen ausnutzen lassen.

Jesus praktizierte in seinem Leben diese extreme Form der Liebe. Zuletzt setzte er sich nicht einmal den Schlägen zur Wehr. Er ertrug die

Hiebe wortlos. Als die Nägel durch seine Hände und Füße geschlagen wurden, wandte er sich nicht den Betreffenden zu und sagte: »Dafür werdet ihr in der Hölle schmoren!« Nein, er sagte sinngemäß: »Vater, diese Menschen bedeuten dir so viel. Rechne ihnen dieses Verbrechen nicht an. Vergib ihnen, wenn das möglich ist.«

Als er diese Worte hörte, brach ein römischer Soldat zusammen und rief: »Das war der Sohn Gottes.« Ich bezweifle, dass er jemals ein theologisches Buch gelesen hatte, aber er wurde durch die Macht dieser radikalen, nicht auf Vergeltung abzielenden Liebe überzeugt.

Das Tor zu Gottes Gegenwart

Ein dritter Grund, warum Gott uns darum bittet, diese Art der Liebe zu zeigen, besteht darin, dass die Seele des radikal Liebenden und das Herz Gottes eng miteinander verbunden werden.

Ich bin mit einem Mann befreundet, der eine ungewöhnliche Beziehung zu Gott hat. Diese Beziehung hatte er nicht seit seiner Geburt; er näherte sich Gott durch das Praktizieren dieser extremen Form der Liebe. Vor einigen Jahren waren er und sein Vater in einem fernen Land als Missionare tätig. Mitglieder einer religiösen Sekte fragten den Vater, ob sie mit ihm beten dürften. Er war sofort damit einverstanden und sie vereinbarten einen Termin. Als es soweit war, erschien ein Mann und die beiden suchten ein Zimmer auf, um zu beten. Plötzlich hörte mein Freund einen großen Tumult. Er eilte in das Zimmer und fand seinen Vater blutüberströmt am Boden liegen. Der Besucher hatte ihn erstochen, statt mit ihm zu beten.

Trotz seines großen Kummers beschloss der junge Mann, sich dafür zu engagieren, auch diese radikale Sekte, die den Mord an seinem Vater veranlasst hatte, mit der Guten Nachricht zu erreichen. Niemand hätte ihm Vorwürfe gemacht, wenn er seinen Dienst aufgegeben hätte. Aber statt zu gehen, wollte er lieber den Dienst, den sein Vater begonnen hatte, weiterführen und ausweiten – und in diesem Prozess, in dem er die Mörder seines Vaters radikal liebte, lernte er die Gegenwart und Kraft Jesu Christi spüren, wie er sie nie zuvor gefühlt hatte.

Wenn Sie Schläge einstecken, Ihre Rechte aufgeben und »Gepäck« viel weiter tragen, als es notwendig wäre, werden Sie sich in einer tiefen Beziehung zu Jesus Christus wiederfinden. Auch wenn Sie manchmal glauben, dass der Boden unter Ihren Füßen nicht fest genug ist, halten Sie an ihm fest. Sie spüren seinen Beistand auf eine Art und Weise, die Sie normalerweise nie bemerken würden. Die meisten Menschen verlassen nie die Geborgenheit des Hafens der Liebe. Sie haben Angst, das Wagnis zu unternehmen, sich auf die hohe See der radikalen Liebe zu begeben, die auf Vergeltung verzichtet. Aber genau das ist der Ort, an dem »etwas los« ist. Dort zeigt sich Gottes Liebe stärker, als sich »seescheue« Menschen je vorstellen können. Dort werden die Menschen veranlasst, Jesus Christus, das einzig vollkommene Beispiel dieser Liebe, genauer zu betrachten. Dort sterben die Feindseligkeiten und es beginnt dauerhafter Friede.

Radikale Liebe verfolgt keinen Zweck. Sie fällt nicht leicht. Aber sie ist etwas, das die Welt unbedingt braucht – heute mehr als je zuvor.

Kapitel 10

Der Charakter Jesu Christi

Ein Freund von mir bat mich einmal darum, einer Gruppe von Fünft- und Sechstklässlern, mit denen er zelten war, von Gott zu erzählen. Nach einer Geschichte, in der ich den Kindern auf möglichst einfache Weise illustriert hatte, wie sie Jesus Christus in ihr Leben aufnehmen können, kam ein Junge von ungefähr zehn Jahren auf mich zu und fragte: »Sie haben darüber gesprochen, wie ich Jesus bitten kann, in mein Leben zu kommen. Können Sie mir sagen, wie er ist, bevor ich das tue?«

Da ich wusste, dass er eine dreiminütige Antwort und nicht einen Glaubenskursus erwartete, öffnete ich meine Bibel und schlug das 10. Kapitel des Johannesevangeliums auf. Folgendes lasen wir gemeinsam:

> »Der Dieb kommt nur, um zu stehlen, zu schlachten und zu vernichten; ich bin gekommen, damit sie das Leben haben und es in Fülle haben. Ich bin der gute Hirt. Der gute Hirt gibt sein Leben hin für die Schafe. Der bezahlte Knecht aber, der nicht Hirt ist und dem die Schafe nicht gehören, läßt die Schafe im Stich und flieht, wenn er den Wolf kommen sieht; und der Wolf reißt sie und jagt sie auseinander. Er flieht, weil er nur ein bezahlter Knecht ist und ihm an den Schafen nichts liegt. Ich bin der gute Hirt; ich kenne die Meinen, und die Meinen kennen mich, wie mich der Vater kennt und ich den Vater kenne; und ich gebe mein Leben hin für die Schafe« (Joh 10,10-15).

Jesus ist ein großer Lehrer. Weil er sich bewusst ist, dass viele Menschen in Bildern denken, zeichnet er ein Bild von sich selbst als dem gutem Hirten. Er weiß, dass die meisten Menschen eine falsche Vorstellung davon haben, warum er in ihr Leben kommen möchte, und beginnt deshalb mit der Beschreibung seines Wesens, indem er erzählt, wer er *nicht* ist.

Er ist kein Dieb

»Ich bin kein Dieb«, sagt Jesus. Das Ziel eines Einbrechers ist es, in Ihr Haus zu gelangen und etwas Wertvolles zu finden, das viel Geld einbringt. Sie werden wahrscheinlich niemals von einem Dieb hören, der sich mit vier Handtüchern, zwei Bettvorlegern und einer Tube Zahnpasta davonmacht; Diebe suchen nach Juwelen, Familienerbstücken, Gemälden und elektronischen Geräten. Das ist das Wesen eines Diebes: das Wertvolle zu finden und zu stehlen.

Jesus ist das genaue Gegenteil eines Diebes. Er kommt nicht, um zu stehlen, sondern um zu geben. Er bricht nicht in das Leben irgendeines Menschen ein; er steht vor der Tür und klopft an. Wenn er hereingebeten wird, geht er durch das Haus und verteilt auf dem Kamin, auf den Regalen und in den Schränken wertvolle Gegenstände. Er füllt das Leben eines Menschen mit den Dingen an, die das Leben lebenswert machen: Sinn, Erfüllung, Ziele, Liebe, Friede, Zufriedenheit, Sicherheit und sogar Freiheit.

Viele Menschen verstehen das nicht. Sie fürchten, dass er in ihr Leben einbricht und ihnen ihre Lebensfreude raubt. Sie sind sich sicher, dass er ihre Freiheit einschränken möchte und verlangt, dass sie genügsam leben. Sie verdächtigen ihn, dass er die Freude nimmt und dem Abenteuer und dem Vergnügen ein Ende bereitet. Manchmal kommen solche Leute zu mir und sagen: »Ich spüre, dass Gott mehr Einfluss auf mein Leben haben möchte, aber ich möchte ihn nicht in mein Leben lassen. Ich kämpfe gegen ihn.«

Normalerweise sage ich dann: »Keine Angst – Sie werden gewinnen. Sie können Gott von sich fernhalten. Sperren Sie die Türe zu, verriegeln Sie die Fenster und verschließen Sie Ihren Geist. Sie können ihn aufhalten.« Aber ich sage diesen Menschen auch, dass sie nicht verstehen, wer Jesus ist. Er ist kein Dieb, sondern ein »Anti-Dieb«. Er klopft geduldig an, bis Sie die Türe öffnen, und dann wird er Ihr ganzes Haus mit einer Menge wertvoller Dinge anfüllen.

Jesus Christus liebt selbstlos: Er liebt uns für das, was er uns geben kann, nicht für das, was er von uns bekommen kann. Wenn Sie die Fenster entriegeln, die Tür aufsperren und weit öffnen, so dass er hereinkommen kann, wird er Ihr Haus mit allem beglücken, was Sie nötig haben, um Ihr Haus warm, schön und angenehm zu gestalten.

Zwei Arten von Hirten

Jesus ist ein Hirte – kein Dieb. Aber es gibt zwei Arten von Hirten – Besitzer und bezahlte Arbeitnehmer. Ein Arbeitnehmer bekommt einen täglichen oder stündlichen Lohn dafür, dass er das tut, worum ihn der Besitzer bittet. Er tut das, was auch immer notwendig ist, um sein Gehalt zu erhalten, aber er tut nichts, was darüber hinausgeht. Er kennt keine Gefühle, kein Mitleid, keine Erfüllung, keine Überstunden und keine zweite Meile.

Während meines Studiums war ich ein Arbeitnehmer. Ich arbeitete für einen Metzger und zerlegte Hühner. Es war lediglich ein Job. Manchmal sagte mein Chef: »Bill, morgen haben wir einen zusätzlichen Verkauf. Wäre es vielleicht möglich, dass du heute ein wenig länger arbeitest?« Ich versuchte, höflich zu antworten, aber eigentlich dachte ich: Und wenn das ganze Gebäude abbrennt; ich bin hier um fünf Uhr draußen! Das ist die Einstellung eines Arbeitnehmers.

Ein Besitzer hat eine vollkommen andere Einstellung. Wenn der Betrieb meines Vaters eine Ladung Gemüse zu einem bestimmten Termin über den halben Kontinent fahren musste, schickte mein Vater meinen Bruder oder mich, und nicht einen angestellten Arbeiter, um das Gemüse auszuliefern. Wenn ein Feld zu einem ganz bestimmten Zeitpunkt umgepflügt werden musste, um angepflanzt werden zu können, schickte er meinen Bruder oder mich, um es umzupflügen – nicht einen Arbeiter. Wir waren die Besitzer und uns lag etwas an der Arbeit!

Ich fahre jeden Tag eine Straße entlang, an der viele Busunternehmen angesiedelt sind. Von Montag bis Freitag sind die Mitarbeiterparkplätze immer belegt. Am Samstagmorgen jedoch steht normalerweise nur ein Auto vor jedem Bus – das Auto des Besitzers. Warum? Weil ihm das Geschäft gehört. Wahrscheinlich hat er es beinahe aus dem Nichts aufgebaut und möchte sich die Statistiken, den Kassenstand, den Umsatz und die Bilanzen genauer ansehen. Er kümmert sich auf eine Art und Weise darum, die seine Angestellten wahrscheinlich nie verstehen werden.

Jesus ist ein fürsorglicher Besitzer. Wir sind *seine* »Schafe«; nicht die von jemand anderem, und er wird meilenweit gehen, um uns zu grünem Weideland zu führen. Er zählt uns immer und immer wieder. Er schützt uns vor drohenden Gefahren und gab sogar sein Leben um unseretwillen. Weil wir sein Eigentum sind und er uns liebt, achtet Jesus auf jeden Schritt, den wir gehen. Er kennt unser Gefühl der Verletztheit und jede schwere Enttäuschung, die uns widerfährt. Er ist in uns verliebt und er wird alles tun. was nötig ist, um uns in seiner Herde zu schützen.

Söhne und Töchter – keine Knechte

Weil Jesus Christus unser Hirte ist, können wir seine Freunde werden. »[...] ich kenne die Meinen, und die Meinen kennen mich«, sagt Jesus, »wie mich der Vater kennt und ich den Vater kenne« (Joh 10,14-15). Mit anderen Worten: Die Beziehung zwischen uns und dem Hirten kann so vertraut werden wie die Beziehung zwischen Jesus und seinem himmlischen Vater. Was für ein unglaublicher Gedanke!

Um uns die Tiefe und Lebensdauer einer derartigen Beziehung zu verdeutlichen, verwendet die Bibel ein weiteres Bild zur Veranschaulichung. In seinem Brief an die Gemeinde in Rom schreibt Paulus:

> »Denn alle, die sich vom Geist Gottes leiten lassen, sind Söhne Gottes. Denn ihr habt nicht einen Geist empfangen, der euch zu Sklaven macht, so daß ihr euch immer noch fürchten müßtet, sondern ihr habt den Geist empfangen, der euch zu Söhnen macht, den Geist, in dem wir rufen: Abba, Vater! So bezeugt der Geist selber unserem Geist, daß wir Kinder Gottes sind. Sind wir aber Kinder, dann auch Erben; wir sind Erben Gottes und sind Miterben Christi, wenn wir mit ihm leiden, um mit ihm auch verherrlicht zu werden« (Röm 8,14-17).

Jesus möchte nicht, dass wir zu ihm eine Beziehung eingehen, die von Angst geprägt ist, so wie es in der Beziehung des Sklaven zu seinem Herrn der Fall ist. In unserem Land gibt es schon seit sehr langer Zeit keine Sklaven mehr und wir können vielleicht die Erniedrigung eines Sklavendaseins nicht mehr nachempfinden. Die meisten von uns sind nie einem Menschen ausgeliefert gewesen, der gänzlich Macht über uns hatte, einschließlich der Berechtigung, uns zu verletzen, uns zu töten oder unsere Familie zu zerstören. Aber wir haben Vorgesetzte und wir wissen, was es heißt, Angst zu haben.

Vor wenigen Jahren saß ich im Flugzeug nach Los Angeles neben einem Mann, der für eine bekannte internationale Gesellschaft tätig war. Dieser Mann sagte zu mir: »Wir arbeiten auf der Grundlage von Quoten. Wenn wir so viel verkaufen, dass die Quoten erreicht oder gar übertroffen werden, haben wir eine Zukunft im Unternehmen. Ich bin nun seit elf Jahren in diesem Unternehmen und habe es bisher immer geschafft. Aber im vergangenen Vierteljahr haben sie meine zu erreichenden Quoten erhöht und ich glaube nicht, dass ich dieses Ziel erreichen kann. Das heißt, dass mein Arbeitsplatz gefährdet ist.«

Elf Jahre treuer Mitarbeit für das Unternehmen und wenn er eine Quote nicht erreicht, wird ihm gekündigt! Dieser Angestellte kann die Tatsache kaum übersehen, dass sein persönlicher Wert an seiner Leistung gemessen wird; die Leistung muss ständig verbessert werden und Fehler werden nicht geduldet. Jesus Christus sagt: »Ich möchte das nicht. Mein Volk soll nicht aus verängstigten Sklaven bestehen. Sie sollen nicht den Eindruck haben, ich würde sie lieben, weil sie etwas für mich tun. Ich möchte, dass sie sich meiner Liebe für jeden Einzelnen von ihnen bewusst sind – für mich sind sie angenommene Söhne und Töchter Gottes, meine Geschwister. Und ich möchte nicht, dass sie Angst davor haben – aus welchem Grund auch immer –, ausgestoßen zu werden. Sie sollen wissen, dass sie für immer zu meiner Familie gehören.«

Unser Adoptivvater

Vor einigen Jahren haben Lynne und ich einen achtjährigen Jungen und ein dreijähriges Mädchen bei uns aufgenommen, die beide aus einem zerbrochenen Elternhaus stammten. Ihre Eltern waren beide Alkoholiker und hatten sich scheiden lassen. Aus diesem Grund wurden die Kinder von einer Pflegefamilie zur nächsten geschickt. Sie lebten mehrere Monate bei uns und wir hatten sie ins Herz geschlossen. Ich hatte dem Jungen ein Modellauto gekauft und er hatte Spaß daran, es zusammenzubauen. Er hatte zwei Wochen daran gearbeitet und war gerade dabei, ihm den letzten Schliff zu geben, als ich ihm sagen musste, dass ihn die Behörden am darauf folgenden Tag in ein anderes Zuhause bringen würden. Tränen traten ihm in die Augen und dann wurde er zornig. Er schlug mit seiner kleinen Faust mitten auf das Modellauto, das in tausend Teile zerbrach. »Ich komme mir wie ein Fußball vor«, sagte er.

Alle Menschen sehnen sich nach einem dauerhaften Familienleben, aber die meisten von uns müssen früh feststellen, dass man dies in einer irdischen Familie oft nicht finden kann. Ein Elternteil stirbt. Ein Paar lässt sich scheiden. Die Großeltern ziehen weit weg. Unsere Familien können unsere Sehnsucht nach einem Zuhause und einer Familie, die Bestand hat, oftmals nicht stillen. Jesus Christus erkennt diese Not und begegnet ihr, indem er uns in seine Familie aufnimmt. Er gibt uns seinen Namen: Wir werden Christen genannt. Er gibt uns sein Erbe: ewiges Leben.

Ich kenne Ehepaare, deren Herz voller Liebe ist und die sich danach sehnen, diese Liebe einem Kind entgegenzubringen, aber sie können keine Kinder bekommen. Wenn diese Ehepaare Kinder finden, die sie adoptieren können, sind sie vollkommen begeistert. Sie warnen die Kinder nicht, indem sie sagen, dass es das Beste wäre, sie würden ihren Erwartungen entsprechen, wenn sie bei ihnen bleiben wollten. Sie sagen nicht, dass nur drei Fehler erlaubt sind, bevor sie die Kinder zurück zur Agentur schicken werden. Sie empfangen sie mit ausgestreckten Armen und freudigem Herzen, weil sie sie lieben, und sie nehmen sie für immer bei sich auf, geben ihnen ihren Familiennamen und machen sie zu rechtmäßigen Erben. Genau dasselbe passiert, wenn Gott uns in seine Familie aufnimmt.

Wie ein Ehepaar, das bereits vor der Geburt oder Adoption begonnen hat, Pläne für das Leben des Kindes zu schmieden, hat auch Gott, schon lange bevor wir erkennen, dass wir ihn brauchen, alles vorbereitet, um uns in seine Familie aufzunehmen. Paulus beschreibt dies in seinem Brief an die Epheser:

> »Denn in ihm hat er uns erwählt vor der Erschaffung der Welt, damit wir heilig und untadelig leben vor Gott; er hat uns aus Liebe im voraus dazu bestimmt, seine Söhne zu werden durch Jesus Christus [...]« (Eph 1,4-5).

Gott sagt uns: »Mein Herz ist so voller Liebe, dass ich dich aufnehmen und zu einem festen Bestandteil meiner Familie machen möchte. Jeder – gleich, welcher Rasse, Hautfarbe, Religion, Abstammung oder welchen Temperaments – ist in meiner Familie willkommen.« Wenn wir ehrlich sagen: »Jesus Christus, ich möchte ein Familienmitglied sein«, ist die »Transaktion« perfekt und unsere Adoption wird rechtskräftig und dauerhaft. Von da an leben wir nicht mehr im Geist der Sklaverei. Wir sind Söhne und Töchter Gottes.

Vertrauen in den Geist Gottes

In der Gesellschaft von heute haben Dokumente Hochkonjunktur. Wenn man heiratet, bekommt man eine Heiratsurkunde. Wenn man ein Haus kauft, bekommt man eine Eigentumsurkunde. Wenn man ein Auto kauft, bekommt man einen Fahrzeugbrief. In einer Transaktion, die so bedeutsam ist wie unsere Adoption in Gottes Familie, ist ein Beweis, dass sie stattgefunden hat, wichtig. Der Beweis, den Gott uns gegeben hat, ist wichtiger und verbindlicher als irgendein Stück Papier – er ist die tägliche und stündliche Erklärung des Heiligen Geistes an uns, dass wir zu Gott gehören.

Gott möchte nicht, dass wir uns darüber Gedanken machen, wie wir zu ihm stehen. Deshalb »[...] bezeugt der Geist selber unserem Geist, dass wir Kinder Gottes sind« (Röm 8,16). Das in unserem Inneren vorhandene Zeugnis des Geistes ist ein Geheimnis. Ich kann es nicht erklären oder beschreiben, aber ich kann bezeugen, dass es wahr ist. Wenn Menschen zu mir sagen: »Ich weiß nicht, ob ich Christ bin oder nicht. Ich glaube, es könnte sein. Ich hoffe, dass ich einer bin«, werde ich unruhig, denn in der Bibel steht eindeutig, dass, wenn man Jesus Christus als Herrn und Erlöser in sein Leben aufnimmt, der Heilige Geist für uns Wirklichkeit wird und man erkennt, dass man zu ihm gehört (vgl. 2 Kor 1,22; Eph 1,13-14; 1 Joh 3,24; 1 Joh 4,13). Der Heilige Geist lebt in uns und flüstert uns fortwährend zu: »Hab Vertrauen – du bist Teil der Familie Gottes.«

Die Bezeugungen des Heiligen Geistes zeigen uns, wie Jesus uns liebt – nicht als Nummern für die himmlischen Statistiken, nicht als Stimmen für den riesigen himmlischen Chor, sondern als Individuen, als wichtige menschliche Wesen. Er möchte nicht, dass wir ängstlich oder furchtsam sind oder unter der ständigen Bedrohung der Verdammnis leben. Er möchte, dass wir uns des Geschenkes bewusst sind, das er uns gegeben hat, und uns seiner Liebe sicher sind. Er liebt uns wie ein Bruder, weil er genau das ist – ein Bruder.

Miterben Christi

Manche Leute denken, dass die Vaterschaft Gottes und unsere Aufnahme in seine Familie eine schöne Metapher und ein von Gott gegebenes sprachliches Mittel seien, das uns helfen soll, die Tiefe seiner Liebe zu uns zu verstehen. Das ist richtig, aber es geht nicht weit genug. Gott hat uns buchstäblich in seine Familie aufgenommen: Der Beweis besteht darin, dass er uns an seinem Vermögen beteiligt. »Sind wir aber Kinder«, schreibt Paulus, »dann auch Erben; wir sind Erben Gottes und sind Miterben Christi [...]« (Röm 8,17). Zusammen mit Christus, Gottes geliebtem Sohn, werden wir einen Teil des Erbes erhalten!

Paulus fügt jedoch hinzu: »[...] wenn wir mit ihm leiden, um mit ihm auch verherrlicht zu werden« (Röm 8,17). Als Jesus um unseretwillen auf die Erde kam, wurde ihm keinerlei Ehre zuteil. Der einzige Zeitpunkt, an dem er in irgendeiner Form im wahrsten Sinne des Wortes »erhöht« wurde, war bei seiner Kreuzigung. Zwar jubelte ihm die Menge auch einmal zu, aber nur, als sie irrtümlich glaubte, er würde die römische Herrschaft stürzen. Jeder in Jerusalem wusste, dass er wie ein gewöhnlicher Verbrecher gestorben war; nur wenige wussten, dass er von den Toten auferstanden und in den Himmel aufgefahren war. Dieser Jesus, der uns einlädt, uns als seine Geschwister der Familie Gottes anzuschließen, ruft uns auch, ihm in Dunkelheit und Leid zu folgen: »Wer mein Jünger sein will«, sagte Jesus, »der verleugne sich selbst, nehme sein Kreuz auf sich und folge mir nach« (Mt 16,24).

Jesu Bruder oder Schwester zu sein bedeutet, alles mit ihm zu teilen. Es bedeutet, sich ihm sowohl im Gehorsam und Leid als auch in seiner Ehre anzuschließen. »Denn wer den Willen meines himmlischen Vaters erfüllt, der ist für mich Bruder und Schwester und Mutter«, sagte Jesus (Mt 12,50) und dies leuchtete seinen Zuhörern im ersten Jahrhundert ein, die wussten, dass man sich nicht der Autorität des Familienoberhauptes widersetzen und sich zugleich noch als Teil der Familie verstehen konnte.

Charakter gesucht

Was erfordert es, den Willen des Vaters zu tun? Es erfordert *Mut*, sich einer Familie anzuschließen, die von der Welt missverstanden wird. Es erfordert *Disziplin*, die Aufgaben, die Gott seinen Kindern gegeben hat, zu erfüllen. Es erfordert *weitsichtiges Verhalten*, die unvermeidlichen Probleme zu bewältigen und zu erkennen, was Gott im Leben seiner Kinder bewirkt. Es erfordert *Ausdauer*, zu den Geschwistern zu halten, wenn es viel einfacher wäre, seine eigenen Wege zu gehen. Außerdem erfordert es *Liebe*, Gottes Familie zusammenzuhalten und andere dazu einzuladen, sich ihr anzuschließen – einfühlsame, hartnäckige, aufopfernde und radikale Liebe.

Mit einem Wort: Es erfordert *Charakter*, Gottes Willen zu tun – und, welch Wunder, es ist der Charakter Christi, den Gott uns anbietet, wenn wir schüchtern sagen, dass wir gerne ein Mitglied seiner Familie wären. Paulus schreibt, dass Gott alle, die er dazu bestimmt hat, Mitglieder seiner Familie zu sein, »[…] auch im voraus dazu bestimmt [hat], an Wesen und Gestalt seines Sohnes teilzuhaben […]« (Röm 8,29) – er gibt ihnen dieselben Charaktereigenschaften wie ihrem älteren Bruder, Jesus Christus.

Er tut dies durch das Wirken des Heiligen Geistes, seinem Vermittler, in unserem Herzen.

> »Wir alle spiegeln […] die Herrlichkeit des Herrn wider und werden so in sein eigenes Bild verwandelt, von Herrlichkeit zu Herrlichkeit, durch den Geist des Herrn« (2 Kor 3,18).

Der Geist legt Jesu Charakterzüge in unser Herz: »[...] Liebe, Freude, Friede, Langmut, Freundlichkeit, Güte, Treue, Sanftmut und Selbstbeherrschung [...]« (Gal 5,22-23).

Nachdem er uns aufgenommen und Jesus ähnlich gemacht hat, lädt uns Gott dazu ein, sein Erbe in Anspruch zu nehmen – dieselbe Herrlichkeit, die Jesus Christus nach seiner Auferstehung in Anspruch nahm. Jesus möchte sein Erbe gern mit uns teilen, denn er sagte zu seinem Vater: »Und ich habe ihnen die Herrlichkeit gegeben, die du mir gegeben hast [...]« (Joh 17,22). Er möchte die Ehre nicht für sich allein haben, sondern: »Wenn Christus, unser Leben, offenbar wird, dann werdet auch ihr mit ihm offenbar werden in Herrlichkeit« (Kol 3,4). Wenn Jesus Christus sich in Herrlichkeit der ganzen Welt offenbart, wird er dafür sorgen, dass wir – seine Brüder und Schwestern – ewig an seiner Herrlichkeit teilhaben.

Je mehr ich über Jesus Christus erfahre, desto mehr liebe ich ihn. Ich erkenne, dass er all meiner Anbetung, Verehrung und all meines Lobpreises wert ist; er ist es wert, dass ich ihm mein Leben lang diene. Gott ist ein Gebender, kein Dieb; er ist ein Besitzer, kein Arbeitnehmer; er ist ein Vater, kein Arbeitgeber. Er möchte mich zu einem Teil seiner Familie machen und mir die Charaktereigenschaften geben, die ich brauche, um gehorsam, erfolgreich und glücklich zu leben – jetzt und für immer. Er möchte eine persönliche Beziehung mit mir haben, die ewig währt, weil sein Herz vor Liebe zu mir überfließt.

Wenn Sie diese Seite an Jesus Christus noch nicht kennen, sehnt sich Gott danach, sie Ihnen zu offenbaren. Er möchte Sie in seine Familie aufnehmen. Alles, was Sie tun müssen, wird in dem folgenden Satz gesagt: »Herr, ich bin ein Sünder, der es sich niemals verdienen könnte, in deine Familie aufgenommen zu werden. Aber weil dein vollkommener Sohn für mich gestorben ist, kann ich adoptiert werden. Ich möchte Teil deiner Familie sein. Danke, dass du mich aufnimmst.«

Wenn Sie das tun, wird Gott Sie in seine Familie aufnehmen. Er wird nicht sagen: »Warte noch ein paar Jahre, bis dein Charakter dem meines Sohnes ähnlicher ist«, weil er weiß, dass man Charaktereigenschaften am besten innerhalb der Familie entwickelt und nicht außerhalb. Er wird Sie so annehmen, wie Sie sind; und mit unendlicher Liebe, Geduld und Sanftmut wird er beginnen, Sie zu formen. Er wird

Ihnen den Heiligen Geist als lebendige Bezeugung Ihrer Adoption geben und Sie werden erkennen, dass Ihr Status als Kind Gottes rechtmäßig, dauerhaft und verbindlich ist.

Viele weltliche Denker wissen, dass die Entwicklung des Charakters eine der wichtigsten Aufgaben ist, mit der sich diese Generation konfrontiert sieht. Ohne sie sind unsere Nation, unsere Familie und Millionen Einzelpersonen in ernster Gefahr; mit ihr sind Stärke und Erfolg durchaus noch möglich. Charakterschulung ist jedoch eine schwierige, sogar bittere Aufgabe, wenn sie mit nicht mehr als der reinen Willenskraft und zusammengebissenen Zähnen unternommen wird.

Es ist leichter, Charakterstärke »aufzuschnappen«, als in ihr unterwiesen zu werden. Wie junge Pflanzen entwickelt auch sie sich am besten in einer warmen, nahrhaften Umgebung. Und das ist genau das, was Gott uns anbietet: das denkbar beste Beispiel eines guten Charakters, Jesus Christus; und die denkbar beste Schule für die Entwicklung eines starken Charakters, die Gemeinschaft mit seiner eigenen Familie. Es ist nicht zu früh, noch heute diesen ersten kleinen mutigen Schritt zu machen und zu sagen: »Ja, himmlischer Vater, ich möchte Jesus ähnlich sein. Bitte nimm mich in deine Familie auf und liebe mich, damit ich dein Ebenbild werde.«

Teil III

Studienleitfaden »Entfalte deinen Charakter«

Einleitung:
Gestalten Sie Bibelarbeit effektiv

Die Grundlagen unseres Glaubens sind: Jesus kennen, die Bibel zu verstehen versuchen, Jesus in allen Bereichen unseres Lebens folgen, lernen, inmitten eines geschäftigen Lebens zu beten, verstehen, wie wir unser Christsein an unserem Arbeitsplatz leben können, tiefen Lobpreis erleben, einen christlichen Charakter entwickeln und Prioritäten setzen, die nach Gottes Willen sind. Das sind die Themen der Bücher von Bill Hybels, die Ihnen dabei helfen sollen, ein hingegebener Christ zu werden.

Was ist das Besondere dieses Studienteils?

Die Studieneinheiten sind nicht so angelegt, dass Ihnen einfach jemand mitteilt, was er denkt. Stattdessen werden Ihnen Hilfestellungen gegeben, für sich selbst herauszufinden, was die Bibel aussagt. Jede Studieneinheit beschäftigt sich intensiv mit einem bestimmten Textabschnitt, so dass Sie durch den inhaltlichen Zusammenhang das Textverständnis des Autors nachvollziehen können.

In den Einheiten werden drei Arten von Fragen gestellt: *Beobachtungsfragen* helfen Ihnen, den Inhalt des Abschnitts zu verstehen, indem sie nach den Basisinformationen fragen: wer, was, wann, wo und wie. *Interpretationsfragen* beschäftigen sich mit dem konkreten Inhalt und dem Verständnis des Abschnitts. *Anwendungsfragen* helfen Ihnen dabei zu erkennen, was die gewonnenen Erkenntnisse für Ihr Wachstum in der Nachfolge Christi bedeuten.

Diese drei Schlüssel erschließen Ihnen die Schätze der biblischen Texte und helfen Ihnen dabei, auch danach zu leben.

Dieser Studienteil dient dazu, Ihre eigenen Gedanken zu fördern. Jede Frage beinhaltet ein ganzes Spektrum von Antworten. Viele Fragen haben keine »richtigen« Antworten, dazu gehören besonders die Fragen, die auf Verständnis oder Anwendung abzielen. Stattdessen sollten die Fragen die Benutzer dazu inspirieren, den Abschnitt genauer zu betrachten.

Der Studienteil ist flexibel einsetzbar. Sie können ihn für das Einzelstudium verwenden, aber er eignet sich auch hervorragend für verschiedene Gruppen – z. B. von Studenten, Berufstätigen, Nachbarn sowie für kirchliche Gruppen. Jede Einheit nimmt etwa 45 Minuten im Rahmen eines Gruppentreffens oder eine halbe Stunde beim Einzelstudium in Anspruch.

Wie ist der Studienteil aufgebaut?

Jede Einheit besteht aus vier Abschnitten: der *Einführung mit Eröffnungsfragen*, die Ihnen helfen, in das Thema einzusteigen; dem *Bibeltext* mit Fragen, die zu einer Auseinandersetzung mit dem Text anregen sollen; dann folgen *praxisorientierte Fragen*, die Ihnen dabei helfen, das anzuwenden, was Sie gelernt haben, sowie ein *Vorschlag für das Gebet*.

Der Studienteil enthält Raum, um Antworten auf die Fragen einzutragen. Diese Einteilung ist ideal für das persönliche Studium und gibt den Gruppenmitgliedern die Gelegenheit, sich im Voraus mit Stichworten auf die Diskussion vorzubereiten und/oder sich während der Einheit Notizen zu machen. Hier können Sie Ihre Gedanken und geistlichen Fortschritte dauerhaft festhalten.

Die »Richtlinien für Leiter« beschreiben, wie man ein Gruppengespräch leitet, geben hilfreiche Hinweise auf die Gruppendynamik und machen Vorschläge, wie man Problemen begegnen kann, die während der Diskussion auftreten können. Mit dieser Hilfestellung kann auch jemand mit geringer oder ohne jegliche Erfahrung eine erfolgreiche Gruppenarbeit leiten.

Am Ende des Buches finden sich »Anmerkungen zu den Studieneinheiten«, die den Leitern oder beim Einzelstudium nützlich sein können. Diese Anmerkungen geben nicht »die« Antworten, aber sie sorgen für zusätzliche Hintergrundinformationen bei bestimmten Fragen, um Ihnen über schwierige Punkte hinwegzuhelfen.

Vorschläge für das Einzelstudium

1. Es kann hilfreich sein, das in der Studieneinheit angegebene Kapitel direkt vor der Beschäftigung mit den Fragen nochmals zu lesen.
2. Lesen Sie die einleitenden Informationen. Denken Sie über die Eröffnungsfragen nach und schreiben Sie kurz Ihre Antworten auf.
3. Beten Sie und bitten Sie Gott, durch sein Wort über dieses bestimmte Thema zu Ihnen zu sprechen.
4. Lesen Sie den Bibelabschnitt, den wir nochmals für Sie abgedruckt haben. Vielleicht hilft Ihnen dies, Sätze zu markieren, die Ihnen wichtig erscheinen. Schreiben Sie alle Fragen, die Ihnen während des Lesens in den Sinn kommen, an den Rand.
5. Beschäftigen Sie sich mit den Interpretations- und/oder Beobachtungsfragen aus dem Studienheft, um den Abschnitt gründlicher zu untersuchen. Schreiben Sie Ihre Erkenntnisse in den dafür vorgesehenen Raum. Nachdem Sie sich Ihre eigenen Notizen gemacht haben, lesen Sie die entsprechenden Anmerkungen am Ende des Buches, um weitere Einsichten zu bekommen.
6. Lesen Sie den ganzen Abschnitt noch einmal, machen Sie sich weitere Notizen über die darin enthaltenen Prinzipien des Glaubens und wie Sie sie anwenden wollen.
7. Gehen Sie weiter zu dem Abschnitt »Anwendung«, der praxisorientierte Fragestellungen enthält. Verwenden Sie Zeit darauf, im Gebet darüber nachzudenken, was die Passage speziell für Ihr Leben bedeuten kann.
8. Lesen Sie den »Vorschlag für das Gebet«. Halten Sie Zwiesprache mit Gott über die Einsichten, die Sie gewonnen haben. Sagen Sie ihm, wenn Sie sich in bestimmten Bereichen besonderes Wachstum wünschen. Bitten Sie ihn, Ihnen dabei zu helfen, wenn Sie versuchen, die Prinzipien in Ihrem Leben umzusetzen, um die es in diesem Abschnitt ging.

Vorschläge für das Studium in Gruppen

Einer Bibelgruppe beizutreten kann für das eigene geistliche Wachstum sehr förderlich sein. Im Folgenden finden Sie einige Tips, die Ihnen als Mitglied einer Gruppe bei der Beschäftigung mit diesem Studienteil helfen können:

1. *Dieser Studienleitfaden beschäftigt sich intensiv mit einer bestimmten Bibelstelle.* Sie sollten sich nur selten auf andere Passagen beziehen, und das auch nur auf Bitte des Gruppenleiters. Natürlich finden Sie ähnliche Aussagen wie die des Textabschnittes in der ganzen Bibel. Andere Formen des Studiums arbeiten diese Konsistenz heraus, aber das sog. induktive Bibelstudium beschäftigt sich sehr intensiv lediglich mit *einer* Bibelstelle.
2. *Dieser Studienteil soll Diskussionen fördern.* Die Fragen in diesem Teil des Buches sollen Ihnen helfen, in der Gruppe eine Bibelstelle zu diskutieren, um den Inhalt, die Bedeutung und die Folgen für Ihr Leben zu verstehen. Die meisten Menschen sind entweder »Sprecher« oder »Zuhörer«. Trotzdem funktioniert dieser Studienteil am besten, wenn die Mitglieder der Gruppe mehr oder weniger regelmäßig an den Diskussionen teilnehmen. Versuchen Sie bitte, darauf zu achten, dass Sie die Diskussion nicht dominieren oder zu oft schweigen. Sie und die anderen Gruppenmitglieder werden davon profitieren.
3. *Die meisten Fragen in diesem Studienteil erlauben eine ganze Bandbreite von Antworten.* Wenn Sie mit der Ansicht eines anderen Gruppenmitgliedes nicht übereinstimmen, machen Sie dies mit freundlichen Worten deutlich. Dann erklären Sie, wie Sie den behandelten Bibelabschnitt verstehen.
4. *Seien Sie bereit, die Diskussionen auch einmal zu leiten, wenn man Sie darum bittet.* Ein Großteil der Vorbereitung für die Leitung des Studienteils wurde bereits beim Verfassen der Fragen von uns übernommen.
5. *Achten Sie die Privatsphäre der Gruppenmitglieder.* Wenn sie an einer Bibelgruppe teilnehmen, reden viele Menschen über Dinge, die nicht an die Öffentlichkeit gelangen sollen. Gehen Sie davon aus, dass die Informationen, die im Kreis der Gruppe offenbart werden,

vertraulich sind, bis man Ihnen etwas Gegenteiliges sagt. Reden Sie nicht in einem anderen Kontext darüber.

6. *Wir empfehlen, dass alle Gruppen einigen grundlegenden Richtlinien folgen und dass diese vor Beginn der ersten Sitzung festgelegt werden.* Im Folgenden finden Sie einige Richtlinien, die Sie vielleicht für Ihre Gruppe übernehmen möchten:
   a. Alles, was in der Gruppe gesagt wird, soll als vertraulich angesehen und nicht außerhalb der Gruppe diskutiert werden, bis man die Erlaubnis dazu erhält.
   b. Wir geben jedem anwesenden Mitglied die Möglichkeit, seine/ihre Meinung zu äußern, wenn er/sie dies möchte.
   c. Wir werden über uns und unsere Situation sprechen, aber Unterhaltungen über andere Personen vermeiden.
   d. Wir werden anderen Gruppenmitgliedern aufmerksam zuhören.
   e. Wir werden füreinander beten.
7. *Genießen Sie die Beschäftigung mit diesem Studienteil.* Bereiten Sie sich darauf vor, geistlich zu wachsen.

Vorschläge für Gruppenleiter

Sie werden Hilfen für Ihren Dienst in den »Anmerkungen für den Leiter« und den »Anmerkungen zu den Studieneinheiten« am Ende dieses Buches finden. Lesen Sie die Richtlinien bitte aufmerksam, selbst wenn Sie lediglich *ein* Gruppentreffen leiten. Dann können Sie zu der Einheit übergehen, mit der Sie sich beschäftigen.

Einführung: Was die Welt am dringendsten braucht

Ein Weiser hat einmal gesagt: »Charakter beschreibt das, was wir tun, wenn wir unbeobachtet sind.« Charakter ist nicht gleichzusetzen mit Ansehen, also wie andere Menschen über uns denken. Er entspricht in keiner Weise dem Erfolg oder Errungenschaften. Charakter beschreibt nicht das, was wir erreicht haben, sondern wie wir *sind.* Und obwohl wir oft von tragischen Verirrungen des Charakters hören, reicht es nicht aus, nur das Fehlen von Charaktereigenschaften zu beschreiben.

Menschen beweisen täglich auf die verschiedensten Arten, dass sie einen starken Charakter haben:

- Eine Frau überwindet ihre Angst, öffentlich zu sprechen, so dass sie ihrer Kirchengemeinde von einer wunderbaren Gebetserhörung erzählen kann. Das ist *Mut.*
- Ein Mann verspricht feierlich, jeden Morgen zwanzig Minuten früher aufzustehen, um einmal um den Häuserblock zu joggen. Er hält sein Versprechen. Das ist *Disziplin.*
- Ein Lehrer befasst sich geduldig mit einer unaufmerksamen Schülerin und entdeckt, dass sie eine begabte Schriftstellerin ist. Das ist *weitsichtiges Verhalten.*
- Ein Student, der von Prüfungen und Semesterarbeiten fast erdrückt wird, spielt mit dem Gedanken, das Studium abzubrechen, entscheidet sich jedoch dafür, dabeizubleiben und weiterzustudieren. Das ist *Ausdauer.*
- Ein Vater bemerkt das verweinte Gesicht seiner Tochter, setzt sich zu ihr und ermutigt sie, ihm zu erzählen, was sie auf dem Herzen hat. Das ist *Mitgefühl.*

- Ein Elternteil lehnt eine verlockende Beförderung ab, damit die Familie in der Stadt bleiben kann, in der sie Freunde gefunden und Wurzeln geschlagen hat. Das ist *Selbstaufopferung*.

Diese wichtigen Eigenschaften sind das Thema der folgenden sechs Einheiten dieses Studienteils. Wenn Sie sich mit den Einheiten beschäftigen, seien Sie sich dabei bitte immer bewusst, dass, egal, wie wundervoll Ihr Charakter auch sein mag, er jedoch nie wundervoll genug sein wird, um Gottes Wertschätzung zu verdienen. Dieser Leitfaden dreht sich nicht darum, wie Sie Gott dazu bringen, aufzuschauen und Sie zu bemerken, oder darum, wie Sie Ihr himmlisches Bankkonto aufbessern können. Denn Erlösung kann man sich nie verdienen. Sie ist ein Geschenk Gottes an uns durch Jesus Christus.

Charakter ist das, was die Welt am dringendsten braucht. Je stärker unser eigener Charakter wird, desto besser wird die Welt werden.

Also: Gehen Sie mutig los, das ist ein guter Start.

Zur weiteren Lektüre

Lesen Sie bitte Kapitel 1: »Ist es altmodisch, heute Charakter zu zeigen?«

Einheit 1

Mut und das Überwinden lähmender Angst

Bibelstelle: 2 Korinther 5,1-10

Jedesmal, wenn ich von jemandem höre, der Mut statt Feigheit bewiesen hat, höre ich mich sagen: »So möchte ich auch sein.« Ich wünschte, ich hätte mehr Mut. Ich will nicht von Furcht geknechtet oder von Angst gelähmt werden. Ich will nicht in schwierigen Situationen nachgeben und gegen meine Überzeugung Kompromisse eingehen oder bei größeren Herausforderungen aufgeben. Ich will kein Feigling sein – ich will mutig sein.« Das ist ein biblischer Wunsch, denn im zweiten Brief an Timotheus, Kapitel 1, Vers 7 schreibt Paulus:

> »Denn Gott hat uns nicht einen Geist der Verzagtheit gegeben, sondern den Geist der Kraft […].«

Aber wie wird man mutig? Kann man sich dies wünschen? Spricht man ein Gebet? Schwingt man einen Zauberstab?

Man wird mutiger, indem man *sich mit seiner lähmenden Angst auseinander setzt*. Manchmal glauben wir, dass couragierte Menschen ohne Angst zur Welt gekommen sind. In Wirklichkeit unterscheiden sich mutige Menschen kaum von Ihnen und mir, nur begannen sie irgendwann damit, ihren Ängsten »ins Auge zu schauen«, statt vor ihnen davonzulaufen.

Einführung

- Rufen Sie sich eine Gelegenheit, bei der Sie mutig gehandelt haben, in Erinnerung. Haben Sie sich in dieser Situation mutig gefühlt?

- In welchen Situationen haben Sie das Gefühl, dass es Ihnen an Mut fehlt?

  __ in meiner Ehe oder Familie
  __ bei der Arbeit
  __ beim Gebet
  __ Sonstiges
  __ in meinem Zeugnis für Christus
  __ bei bestimmten Personen

- Wovor fürchten Sie sich am meisten?

Bibelstudium

Lesen Sie bitte 2 Korinther, Kapitel 5, Vers 1-10:

> »Wir wissen: Wenn unser irdisches Zelt abgebrochen wird, dann haben wir eine Wohnung von Gott, ein nicht von Menschenhand errichtetes ewiges Haus im Himmel. Im gegenwärtigen Zustand seufzen wir und sehnen uns danach, mit dem himmlischen Haus überkleidet zu werden. So bekleidet, werden wir nicht nackt erscheinen. Solange wir nämlich in diesem Zelt leben, seufzen wir unter schwerem Druck, weil wir nicht entkleidet, sondern überkleidet werden möchten, damit so das Sterbliche vom Leben verschlungen werde. Gott aber, der uns gerade dazu fähig gemacht hat, er hat uns auch als ersten Anteil den Geist gegeben. Wir sind also immer zuversichtlich, auch wenn wir wissen, daß wir fern vom Herrn in der Fremde leben, solange wir in diesem Leib zu

Hause sind; denn als Glaubende gehen wir unseren Weg, nicht als Schauende. Weil wir aber zuversichtlich sind, ziehen wir es vor, aus dem Leib auszuwandern und daheim beim Herrn zu sein. Deswegen suchen wir unsere Ehre darin, ihm zu gefallen, ob wir daheim oder in der Fremde sind. Denn wir alle müssen vor dem Richterstuhl Christi offenbar werden, damit jeder seinen Lohn empfängt für das Gute oder Böse, das er im irdischen Leben getan hat.«

1. Welche Bilder und Vergleiche werden in diesem Abschnitt verwendet, um deutlich zu machen, wie unsicher unser irdisches Leben ist?

2. Warum erfordert das hier beschriebene Leben Mut?

3. Auf welche Sicherheiten ist dieser Mut gegründet (vgl. Verse 1.5-7)?

4. In Vers 4 heißt es, dass das »Sterbliche«, das auf Grund der Sünde zum Tod verurteilt ist, eines Tages »vom Leben verschlungen« werden wird – also in Gottes unsterbliches, ewiges Leben übergeht. Wie bekommen Sie durch das Versprechen, Gottes ewiges Leben teilen zu dürfen, neue Sicherheit, wenn Sie sich schwach und unvollkommen fühlen?

5. Welche Ermutigung enthält dieser Abschnitt für Sie, eine Ermutigung, die Ihnen hilft, Ihren Unsicherheiten und Ängsten entgegenzutreten?

6. Auf welche Weise ist die Zukunftsversicherung in diesem Abschnitt für uns zugleich ein Trost und eine Warnung?

Anwendung

- Nennen Sie bitte einige der Ängste, vor denen Sie weggelaufen sind, anstatt ihnen entgegenzutreten.

- Überlegen Sie sich, was Sie tun können, um einer Ihrer Ängste zu begegnen, und treffen Sie eine Entscheidung, wann und wie Sie den ersten Schritt tun werden.

Vorschlag für das Gebet

Sprechen Sie im Gebet offen mit Gott über Ihre Ängste in dem Wissen, dass er sich darum sorgt. Bitten Sie ihn, dass er Sie zu einem mutigen Menschen macht.

Zur Vertiefung

Lesen Sie bitte Kapitel 2: »Mut und das Überwinden lähmender Angst«.

Einheit 2

Konsequente Erziehung und Erfolg

Bibelstelle: Galater 5,16-26

In mehreren Umfragen habe ich von Menschen wissen wollen, welche Charaktereigenschaft sie bei sich gern stärker ausgeprägt sehen würden; normalerweise ist die am häufigsten genannte Eigenschaft Selbstdisziplin. Aber es besteht eine große Unsicherheit darüber, was damit tatsächlich gemeint ist und wie man diese wunderbare Eigenschaft umsetzen kann. Die meisten Menschen wissen nicht, wie sie ein größeres Maß an Disziplin erreichen und sie im Alltag verwirklichen können.

Ich kann Ihnen in wenigen Worten konsequente Erziehung definieren und damit das Wesentliche enthüllen – ihren eigentlichen Kern: Bei der konsequenten Erziehung handelt es sich um ein Vergnügen, das sich erst später einstellt, bzw. das man bewusst auf einen späteren Zeitpunkt verschiebt. Sie treffen die langfristige Entscheidung, sich trotz Schwierigkeiten mit ganzer Kraft dafür einzusetzen, was Sie am meisten ersehnen. Das ist Selbstdisziplin.

Wenn unsere Gesellschaft nach sofortigem Vergnügen und schnellen Lösungen schreit, ist es schwierig, demgegenüber einen disziplinierten Weg einzuschlagen. Aber Sie werden nie eine Beziehung zu Gott, eine Ehe, sportliche Kondition oder ein Vermögen aufbauen können, wenn Sie sich an das Gesetz unserer Gesellschaft halten, das unmittelbare Ergebnisse und vergnügte Stunden fordert. Eines Tages wird es sich bezahlt machen, wenn Sie jetzt den Schmerz aushalten und hart arbeiten.

Einführung

- Wann hat es sich für Sie gelohnt, im Vorfeld eine Entscheidung zu treffen und durchzuhalten?

- Was sind einige der Lebensbereiche, in denen Sie *schnelle* Belohnung einer *späteren* Belohnung vorziehen würden?

__ Finanzen (Geld ausgeben)	__ Lobpreis
__ Gesundheit (einschließlich Essen)	__ Karriere
__ andere Menschen korrigieren	__ Freundschaften
__ Gebet	__ Sonstiges

- Wie kann sich Ihr Leben zum Besseren verändern, wenn Sie in diesen Bereichen »konsequente Erziehung« anwenden?

Bibelstudium

Lesen Sie bitte Galater, Kapitel 5, Vers 16-26:

> »Darum sage ich: Laßt euch vom Geist leiten, dann werdet ihr das Begehren des Fleisches nicht erfüllen. Denn das Begehren des Fleisches richtet sich gegen den Geist, das Begehren des Geistes aber gegen das Fleisch; beide stehen sich als Feinde gegenüber, so daß ihr nicht imstande seid, das zu tun, was ihr wollt. Wenn ihr euch aber vom Geist führen laßt, dann steht ihr nicht unter dem Gesetz. Die Werke des Fleisches sind deutlich erkennbar: Unzucht, Unsittlichkeit, ausschweifendes Leben, Götzendienst, Zauberei,

Feindschaften, Streit, Eifersucht, Jähzorn, Eigennutz, Spaltungen, Parteiungen, Neid und Mißgunst, Trink- und Eßgelage und ähnliches mehr. Ich wiederhole, was ich euch schon früher gesagt habe: Wer so etwas tut, wird das Reich Gottes nicht erben. Die Frucht des Geistes aber ist Liebe, Freude, Friede, Langmut, Freundlichkeit, Güte, Treue, Sanftmut und Selbstbeherrschung; dem allem widerspricht das Gesetz nicht. Alle, die zu Christus Jesus gehören, haben das Fleisch und damit ihre Leidenschaften und Begierden gekreuzigt. Wenn wir aus dem Geist leben, dann wollen wir dem Geist auch folgen. Wir wollen nicht prahlen, nicht miteinander streiten und einander nichts nachtragen.«

1. Welche der Eigenschaften, die in den Versen 19-21 beschrieben werden, versprechen schnelle Belohnung?

2. Warum verlangen die Eigenschaften, die in den Versen 22-23 beschrieben werden, eine Entscheidung für eine spätere Belohnung?

3. Wo war nach Ihrer eigenen Erfahrung das »Leben aus dem Geist« ein »aufgeschobenes Vergnügen«?

4. Welche Vorzüge hat es, ein diszipliniertes Leben zu führen?

5. Wenn Sie sich die beiden entgegengesetzten Aufzählungen in diesem Bibeltext ansehen, in welchen Bereichen benötigen Sie nach eigener Einschätzung mehr konsequente Erziehung?

6. In Vers 25 steht, dass wir »aus dem Geist Gottes leben«. Inwiefern hängt das »Leben aus dem Geist Gottes« von unserer Selbstdisziplin ab?

7. Inwiefern hängt unsere Selbstdisziplin unabdingbar vom Wirken des Heiligen Geistes in uns zusammen?

Anwendung

- Denken Sie an den Bereich, in dem Sie den größten Mangel an konsequenter Erziehung verspüren. Was würde es für Sie bedeuten, hier zu sagen: »Ich werde das tun, was notwendig ist, auch wenn es schwierig ist«?

- Treffen Sie im Voraus einige Entscheidungen, durch die Sie in einem bestimmten Bereich Ihres Lebens konsequente Erziehung üben werden.

Vorschlag für das Gebet

Bitten Sie Gott, aus Ihnen einen Menschen zu machen, der immer wieder konsequente Erziehung übt.

Zur Vertiefung

Lesen Sie bitte Kapitel 3: »Konsequente Erziehung und Erfolg«.

Einheit 3

Weitsichtiges Verhalten – über Vordergründiges hinausschauen

Bibelstelle: Matthäus 19,16-30

Man kann weitsichtige Lebensführung auf mehrere Arten definieren; ich gebe drei Definitionen an, die drei Aspekte dieser wichtigen Charaktereigenschaft beschreiben. Erstens handelt es sich bei der vorausschauenden Lebensweise um die von Gott gegebene Fähigkeit, mögliche Lösungen für die Alltagsprobleme zu erkennen. Eine zweite Definition dieser Art von »visionärer« Voraussicht ist folgende: Bei der vorausschauenden Lebensführung besteht die Fähigkeit darin, hinter die Masken der Menschen zu blicken. Eine Vision ist drittens ein Aufleuchten dessen, was Gott durch unser Leben bewirken möchte, wenn wir uns ihm völlig anvertrauen.

Das weitsichtige Planen ist eine lebenswichtige Eigenschaft, die erhalten werden muss, da das Leben tatsächlich eine Kette von Problemen, Herausforderungen, Strapazen und Enttäuschungen ist. Wenn Sie zulassen, dass Sie von Schwierigkeiten überwältigt werden, sieht Ihre Zukunft nicht sehr glänzend aus. Zunächst werden Sie um *ein* Problem kreisen und bald schon um das nächste. Sie werden Ihr ganzes Leben damit zubringen, sich im Kreis zu drehen und Ihr Dasein zu verfluchen. Wenn Sie dagegen die vorausschauende Lebensführung fördern und jedesmal, wenn Sie mit einem Problem konfrontiert werden, sofort nach Lösungen suchen, werden Sie nicht nur jede Form der Entmutigung zurückweisen, sondern auch entdecken, wie viel Einfallsreichtum und Weisheit Gott seinen Kindern, die bei ihm Hilfe suchen, geben möchte. Wie oft unterschätzen wir Gott, zweifeln an seiner Fähigkeit, uns in unseren Alltagsproblemen beizustehen!

Gleichgültig, in welchem Bereich Sie ein Problem haben, ob mit Freunden, in der Ehe, finanziell, geistlich, emotional, beruflich – Sie können eine Lösung finden, wenn Sie nur bereit sind, Ihren Blick in die Zukunft zu richten.

Einführung

- Würden Sie sagen, dass Sie sich eher auf die Probleme oder auf die möglichen Lösungen konzentrieren? Bitte erläutern Sie Ihre Antwort.

- Wie sähe Ihre Reaktion aus, wenn man von Ihnen verlangen würde, vorausschauend zu leben?

  __ Das erfordert zu viel Energie.
  __ Ich bin zu beschäftigt, mich um das Hier und Jetzt zu kümmern.
  __ Das ist interessant für mich, denn es bedeutet Hoffnung.
  __ Ich bin kein Planer.
  __ Ich habe eine Menge Visionen, doch die Menschen um mich herum haben keine.

- Wann haben Sie von der Weitsicht einer anderen Person profitiert?

Bibelstudium

Lesen Sie bitte Matthäus, Kapitel 19, Vers 16-30:

> »Es kam ein Mann zu Jesus und fragte: Meister, was muß ich Gutes tun, um das ewige Leben zu gewinnen? Er antwortete: Was fragst du mich nach dem Guten? Nur einer ist ›der Gute‹. Wenn du

aber das Leben erlangen willst, halte die Gebote! Darauf fragte er ihn: Welche? Jesus antwortete: *Du sollst nicht töten, du sollst nicht die Ehe brechen, du sollst nicht stehlen, du sollst nicht falsch aussagen; ehre Vater und Mutter!* Und: *Du sollst deinen Nächsten lieben wie dich selbst!* Der junge Mann erwiderte ihm: Alle diese Gebote habe ich befolgt. Was fehlt mir jetzt noch? Jesus antwortete ihm: Wenn du vollkommen sein willst, geh, verkauf deinen Besitz und gib das Geld den Armen; so wirst du einen bleibenden Schatz im Himmel haben; dann komm und folge mir nach. Als der junge Mann das hörte, ging er traurig weg; denn er hatte ein großes Vermögen. Da sagte Jesus zu seinen Jüngern: Amen, das sage ich euch: Ein Reicher wird nur schwer in das Himmelreich kommen. Nochmals sage ich euch: Eher geht ein Kamel durch ein Nadelöhr, als daß ein Reicher in das Reich Gottes gelangt. Als die Jünger das hörten, erschraken sie sehr und sagten: Wer kann dann noch gerettet werden? Jesus sah sie an und sagte zu ihnen: Für Menschen ist das unmöglich, *für Gott* aber *ist alles möglich.*
Da antwortete Petrus: Du weißt, wir haben alles verlassen und sind dir nachgefolgt. Was werden wir dafür bekommen? Jesus erwiderte ihnen: Amen, ich sage euch: Wenn die Welt neu geschaffen wird und der Menschensohn sich auf den Thron der Herrlichkeit setzt, werdet ihr, die ihr mir nachgefolgt seid, auf zwölf Thronen sitzen und die zwölf Stämme Israels richten. Und jeder, der um meines Namens willen Häuser oder Brüder, Schwestern, Vater, Mutter, Kinder oder Äcker verlassen hat, wird dafür das Hundertfache erhalten und das ewige Leben gewinnen. Viele aber, die jetzt die Ersten sind, werden dann die Letzten sein, und die Letzten werden die Ersten sein.«

1. Was muss man laut Jesus tun, um ewiges Leben zu erhalten?

2. Welche möglichen Eigenschaften sah Jesus hinter den oberflächlichen Qualitäten des jungen Mannes?

3. Vers 22 schildert, dass der Mann traurig von Jesus fortging. Inwiefern war seine Traurigkeit die Folge seines Mangels an Einsicht in Gottes Pläne für die Zukunft?

4. Gibt es ein Problem in Ihrem Leben, das Vers 26 anspricht?

5. Wie würden Sie den Unterschied zwischen einer Person, die »menschliche Ziele« und jemandem, der »göttliche Ziele« verfolgt, erklären?

6. Würden Sie sagen, dass Petrus' Kommentar (Vers 27) eher ein Beispiel für Einsicht in Gottes Pläne oder für Selbstsucht ist? Erläutern Sie bitte, warum Sie diese Ansicht vertreten.

7. Was ist im Fall des jungen Mannes und im Fall der Jünger der Preis für die Weitsicht, das heißt, die Verfolgung der Pläne Gottes?

Anwendung

- Welchen Einblick in Gottes Plan für Ihr zukünftiges Leben haben Sie bereits?

- Was würde Ihnen dabei helfen, Ihren Einblick deutlicher zu machen?

Vorschlag für das Gebet

Beten Sie und entscheiden Sie sich dann für einen Weg. Gehen Sie diesem im Vertrauen darauf, dass der Herr für Sie Türen öffnen oder schließen wird, wenn Sie dem Weg folgen, den er Ihnen gezeigt hat.

Zur Vertiefung

Lesen Sie bitte Kapitel 4: »Weitsichtiges Verhalten – über Vordergründiges hinausschauen«.

Einheit 4

Ausdauer – Fluchtgedanken überwinden

Bibelstelle: Jeremia 29,1-14

Wir verwenden viel Energie darauf, Versuchungen aus dem Weg zu gehen, doch eigentlich sollten wir Gott für die Versuchung danken. Die Not hilft uns dabei, Ausdauer zu entwickeln, und Ausdauer ist eine starke Waffe der »Charakterausrüstung«.

Ausdauer stärkt den *Mut*. Es ist gut, sich fünfzehn Minuten lang mutig einzusetzen, aber das reicht nicht aus, um im Leben durchzuhalten. Ausdauer unterstützt die Durchsetzungskraft der *konsequenten Erziehung*. Es ist wichtig, das Prinzip des Vergnügens, das sich später einstellt, zu verstehen und langfristige Entscheidungen zu treffen, aber dabei handelt es sich nicht um einmalige Handlungen. Ausdauer bewirkt, dass die *vorausschauende Lebensführung* verwirklicht werden kann. Ohne Ausdauer ist sie nichts weiter als ein Hirngespinst.

Wenn Sie gerade jetzt an einem Punkt stehen, an dem Sie aufgeben möchten, kalkulieren Sie sorgfältig Ihren Verlust, ehe Sie das Handtuch werfen. Die Kapitulation ist nicht immer eine glänzende Idee. Sie fördert nicht unbedingt Ihre Charakterbildung. Gott segnet sie nicht. In den meisten Fällen werden Sie es Ihr Leben lang bereuen. Aber wenn Sie an einem solchen Punkt angelangt sind, an dem Sie am liebsten aufgeben möchten, und ihn dann – im Vertrauen auf Gottes Kraft – überwinden, haben Sie begonnen, Ausdauer in Ihrem Leben zu verankern.

Einführung

- Was ist der Unterschied zwischen »durchhalten« und eine Sache »hinwerfen«?

- Vervollständigen Sie bitte den folgenden Satz:
  Am schwersten finde ich es, ______________________________

  __________________durchzuhalten, weil ____________________

  ____

  ____.

- Wann waren Sie froh, dass Sie bei etwas nicht aufgegeben haben?

Bibelstudium

Lesen Sie bitte Jeremia, Kapitel 29, Vers 1-14:

> »Das ist der Wortlaut des Briefes, den der Prophet Jeremia aus Jerusalem an den Rest der Ältesten der Gemeinde der Verbannten sandte, an die Priester, Propheten und das ganze Volk, das Nebukadnezzar von Jerusalem nach Babel verschleppt hatte, nachdem der König Jojachin, die Herrin, die Hofbeamten, die Großen von Juda und Jerusalem sowie die Schmiede und Schlosser aus Jerusalem fortgezogen waren; er schickte den Brief durch Elasa, den Sohn Schafans, und Gemarja, den Sohn Hilkijas, die Zidkija, der König von Juda, nach Babel zu Nebukadnezzar, dem König von

Babel, sandte: So spricht der Herr der Heere, der Gott Israels, zur ganzen Gemeinde der Verbannten, die ich von Jerusalem nach Babel weggeführt habe: Baut Häuser, und wohnt darin, pflanzt Gärten, und eßt ihre Früchte! Nehmt euch Frauen, und zeugt Söhne und Töchter, nehmt für eure Söhne Frauen, und gebt eure Töchter Männern, damit sie Söhne und Töchter gebären. Ihr sollt euch dort vermehren und nicht vermindern. Bemüht euch um das Wohl der Stadt, in die ich euch weggeführt habe, und betet für sie zum Herrn; denn in ihrem Wohl liegt euer Wohl. Denn so spricht der Herr der Heere, der Gott Israels: Laßt euch nicht täuschen von den Propheten, die unter euch sind, und von euren Wahrsagern. Hört nicht auf die Träume, die sie träumen. Denn Lüge ist das, was sie euch in meinem Namen weissagen; ich habe sie nicht gesandt – Spruch des Herrn. Ja, so spricht der Herr: Wenn siebzig Jahre für Babel vorüber sind, dann werde ich nach euch sehen, mein Heilswort an euch erfüllen und euch an diesen Ort zurückführen. Denn ich, ich kenne meine Pläne, die ich für euch habe – Spruch des Herrn –, Pläne des Heils und nicht des Unheils; denn ich will euch eine Zukunft und eine Hoffnung geben. Wenn ihr mich ruft, wenn ihr kommt und zu mir betet, so erhöre ich euch. Sucht ihr mich, so findet ihr mich. Wenn ihr von ganzem Herzen nach mir fragt, lasse ich mich von euch finden – Spruch des Herrn. Ich bringe euch an den Ort zurück, von dem ich euch weggeführt habe.«

1. Warum bestand die Gefahr, dass die Verbannten den Glauben verließen?

2. Wir verbinden Ausdauer in der Regel mit dem Gedanken, die »Zähne zusammenzubeißen« und etwas Unangenehmes zu tun. Welche positiven Aspekte entdecken Sie in Jeremias Aufforderung zum Durchhalten?

3. Welche Haltung wäre gegenüber denjenigen, die sie gefangen halten, nötig, um die Anweisungen in Vers 7 zu befolgen?

4. Wie könnten die falschen Propheten und Wahrsager die Leute davon abgehalten haben, Ausdauer zu üben (vgl. Verse 8-9)?

5. Inwiefern fühlen Sie sich »gefangen« oder festgefahren in einer Situation, die Sie lieber vermieden hätten?

6. Welche Hoffnung finden Sie in den Verheißungen (Verse 10-14)?

Anwendung

- Wo könnte in einer Situation, die Sie gerade durchleben, der Punkt sein, an dem Sie aufgeben wollen?

- Was gibt Ihnen in dieser Situation die Hoffnung, um weiterzumachen?

Vorschlag für das Gebet

Fassen Sie nun den Entschluss, dass Sie, wenn Sie in Ihrem Leben an einen Punkt kommen, an dem Sie am liebsten aufgeben möchten, sich auf Gottes Stärke stützen und ihm vertrauen. Fangen Sie jetzt an, dafür zu beten.

Zur Vertiefung

Lesen Sie bitte Kapitel 5: »Ausdauer – Fluchtgedanken überwinden«.

Mitgefühl

Bibelstelle: Lukas 10,25-37

Alle Menschen sind eingeladen, die Vergebung am Kreuz anzunehmen. Weil Gott durch Christus jeden in seine Familie eingeladen hat, ist jeder Mensch, den wir treffen, ein potenzieller Bruder oder eine Schwester. Wenn wir diese Wahrheit verstehen und beginnen, die Menschen in ihrer Bedeutung für Gott zu sehen, kann unser hartes Herz aufatmen und wir lernen, anderen Menschen einfühlsam zu begegnen.

Das Wort Gottes fordert uns dazu auf, die Menschen so zu behandeln, wie Jesus Christus uns behandelt. Wenn Sie beten, hört Gott aufmerksam auf jedes Wort, das Sie sagen. Aus welchem Grund sollten Sie Ihren Partner, Ihre Kinder, Ihre Freunde und Ihre Mitarbeiter nicht ebenso behandeln? Wenn Sie einen Fehler machen, hilft Jesus und vergibt Ihnen. Er begegnet Ihnen weiterhin mit Liebe und Respekt. Warum sollten Sie nicht dasselbe mit den Menschen, mit denen Sie leben, arbeiten und beten, machen? Wenn Sie sich einsam und unsicher fühlen, steht Ihnen der Heilige Geist bei. Er tröstet Sie und ruft Ihnen immer wieder ins Bewusstsein, dass Gott Sie liebt. Warum sollten Sie nicht den Menschen, die Sie lieben, in schweren Zeiten Trost und Unterstützung gewähren?

Die Folgen sind unglaublich. Nach dem ersten Schock werden Ehepartner und Kinder vor Freude begeistert sein. Unsere Kollegen werden den Kopf schütteln und sagen: »Die ganze Atmosphäre hier hat sich geändert. Ich frage mich, was mit Michael passiert ist?« Oberflächliche Freundschaften werden zu tiefen, herzlichen Beziehungen. Unsere Kirchen werden ihre Wirksamkeit vervielfachen, da die Menschen entdecken, dass sie dort, wo Christus angebetet wird, Liebe finden.

Einführung

- Denken Sie an ein Ereignis aus der letzten Zeit, bei dem Sie sich einfühlsame Liebe von jemandem gewünscht haben. Wie hätte Ihnen dieses Mitgefühl geholfen?

- Finden Sie es am schwersten, einfühlsame Liebe zu empfinden

__ gegenüber anderen Christen, die die Dinge nicht so sehen wie Sie?
__ gegenüber Menschen, die sich ständig in Schwierigkeiten bringen?
__ gegenüber Nichtchristen, die sich dem Evangelium verschließen?
__ gegenüber Ihrem Ehepartner?
__ gegenüber Ihrem Chef?
__ gegenüber anderen Personen?

- Warum setzen Ihrer Meinung nach manche Menschen Mitgefühl mit Schwäche gleich?

Bibelstudium

Lesen Sie bitte Lukas, Kapitel 10, Vers 25-37:

> »Da stand ein Gesetzeslehrer auf, und um Jesus auf die Probe zu stellen, fragte er ihn: Meister, was muß ich tun, um das ewige Leben zu gewinnen? Jesus sagte zu ihm: Was steht im Gesetz? Was liest du dort? Er antwortete: *Du sollst den Herrn, deinen Gott, lieben mit ganzem Herzen und mit ganzer Seele, mit all deiner Kraft* und all deinen Gedanken, und: *Deinen Nächsten sollst du lieben wie dich selbst.* Jesus sagte zu ihm: Du hast richtig geant-

wortet. Handle danach, und du wirst leben. Der Gesetzeslehrer wollte seine Frage rechtfertigen und sagte zu Jesus: Und wer ist mein Nächster?
Darauf antwortete ihm Jesus: Ein Mann ging von Jerusalem nach Jericho hinab und wurde von Räubern überfallen. Sie plünderten ihn aus und schlugen ihn nieder; dann gingen sie weg und ließen ihn halbtot liegen. Zufällig kam ein Priester denselben Weg herab; er sah ihn und ging weiter. Auch ein Levit kam zu der Stelle; er sah ihn und ging weiter. Dann kam ein Mann aus Samarien, der auf der Reise war. Als er ihn sah, hatte er Mitleid, ging zu ihm hin, goß Öl und Wein auf seine Wunden und verband sie. Dann hob er ihn auf sein Reittier, brachte ihn zu einer Herberge und sorgte für ihn. Am anderen Morgen holte er zwei Denare hervor, gab sie dem Wirt und sagte: Sorge für ihn, und wenn du mehr für ihn brauchst, werde ich es dir bezahlen, wenn ich wiederkomme.

Was meinst du: Wer von diesen dreien hat sich als der Nächste dessen erwiesen, der von den Räubern überfallen wurde? Der Gesetzeslehrer antwortete: Der, der barmherzig an ihm gehandelt hat. Da sagte Jesus zu ihm: Dann geh und handle genauso!«

1. Als der Gesetzeslehrer Jesus auf die Probe stellte, ging es nicht um Mitgefühl. Wonach suchte er (vgl. Vers 29)?

2. Wo wollte der Gesetzeslehrer dem Mitgefühl Grenzen setzen?

3. Der Priester und der Levit entschieden sich dafür, keine Barmherzigkeit zu zeigen. Wo stimmen ihre »guten Gründe« mit unseren »guten Gründen« überein, jemandem Hilfe zu verweigern?

4. Inwiefern ignorierte der Samariter die Unannehmlichkeiten, Gefahren und finanziellen Kosten, als er dem Verletzten half?

5. Der Samariter hatte Mitleid mit dem Verletzten. Manche setzen Mitleid mit oberflächlicher Sentimentalität gleich. Wo zeigen die Taten des Samariters eher Stärke als Schwäche?

6. Was ging in Ihnen vor, als jemand für Sie ein »barmherziger Samariter« war?

7. Wen würden Sie in der heutigen Gesellschaft mit dem »barmherzigen Samariter« vergleichen?

Anwendung

- Gibt es jemanden, bei dem Sie die gleichen Entschuldigungen anbringen wie der Priester und der Levit, aus denselben »guten Gründen«? Warum?

Vorschlag für das Gebet

Bitten Sie Gott um eine Gelegenheit, Mitgefühl gegenüber jemandem zu zeigen, der »geschlagen und ausgeraubt« daliegt und an dem andere vorübergegangen sind.

Zur Vertiefung

Lesen Sie bitte Kapitel 6: »Einfühlsame Liebe – in die Haut eines anderen schlüpfen« und Kapitel 7: »Beharrliche Liebe – auf der Wahrheit bestehen«.

Einheit 6

Selbstaufopferung

Bibelstelle: Markus 10,35-45

Es ist höchste Zeit, den falschen Glanz, den die Welt – und manchmal auch die Kirche – der Liebe angehängt hat, abzulegen. Es ist Zeit, die Wahrheit zu sagen: *Wahre Liebe opfert sich auf.*

Oft ist es ja so, dass wir Liebe geben, anstatt Liebe zu empfangen. Liebe kostet mich unbedingt etwas; in der Regel die drei Dinge, die mir am wertvollsten sind – meine Zeit, meine Energie und mein Geld. Ich kann mich nur schwer von diesen Dingen trennen, weil sie mir lediglich begrenzt zur Verfügung stehen.

Weil Gott um das Wohlergehen der Menschen, die ihm so viel bedeuten, besorgt war, *gab* er – opferte er – seinen einzigen Sohn; und wenn Sie sich um das Wohlergehen anderer sorgen, müssen Sie normalerweise auch Opfer bringen. Sie müssen vielleicht Ihre Zeit, Ihre Energie oder Ihr Geld investieren. Oder es ist möglich, dass Sie Ihre Pläne, Ihre Unabhängigkeit oder Ihre Privatsphäre aufgeben müssen. Um so zu lieben, wie Gott uns liebt, müssen Sie sich vielleicht wegen anderen von Dingen trennen, die Ihnen äußerst wertvoll sind.

Die Welt schreibt Bücher mit Titeln wie »Denke nach und werde reich«. Wenn Jesus für den heutigen Markt schreiben würde, hieße sein Buch vielleicht »Liebe und gib dich selbst auf«. Teilen Sie das, was Ihnen etwas bedeutet, mit anderen. Wenn Sie das tun, werden Sie paradoxerweise am Ende eine Art von Erfüllung und Befriedigung erleben, die die meisten Menschen niemals erleben werden.

Einführung

- Was war das bereitwilligste Opfer, das Sie je gebracht haben?

- Was würden Sie am schwersten opfern können?

__ persönliche Zeit	__ Privatsphäre
__ Geld	__ Ziele
__ Image oder Status	__ Sonstiges

- Warum ist es besonders schwer für Sie, dieses Opfer zu bringen?

Bibelstudium

Lesen Sie bitte Markus, Kapitel 10, Vers 35-45:

> »Da traten Jakobus und Johannes, die Söhne des Zebedäus, zu ihm und sagten: Meister, wir möchten, daß du uns eine Bitte erfüllst. Er antwortete: Was soll ich für euch tun? Sie sagten zu ihm: Laß in deinem Reich einen von uns rechts und den andern links von dir sitzen. Jesus erwiderte: Ihr wißt nicht, um was ihr bittet. Könnt ihr den Kelch trinken, den ich trinke, oder die Taufe auf euch nehmen, mit der ich getauft werde? Sie antworteten: Wir können es. Da sagte Jesus zu ihnen: Ihr werdet den Kelch trinken, den ich trinke, und die Taufe empfangen, mit der ich getauft werde. Doch den Platz zu meiner Rechten und zu meiner Linken habe ich nicht zu vergeben; dort werden die sitzen, für die diese Plätze bestimmt sind.
>
> Als die zehn anderen Jünger das hörten, wurden sie sehr ärgerlich über Jakobus und Johannes. Da rief Jesus sie zu sich und sagte: Ihr

wißt, daß die, die als Herrscher gelten, ihre Völker unterdrücken und die Mächtigen ihre Macht über die Menschen mißbrauchen. Bei euch aber soll es nicht so sein, sondern wer bei euch groß sein will, der soll euer Diener sein, und wer bei euch der Erste sein will, soll der Sklave aller sein. Denn auch der Menschensohn ist nicht gekommen, um sich dienen zu lassen, sondern um zu dienen und sein Leben hinzugeben als Lösegeld für viele.«

1. Was waren nach Ihrer Meinung die Motive von Johannes und Jakobus?

2. Was war falsch an ihrem Selbstbild?

3. Welchen Unterschied zeichnete Jesus zwischen seiner Sicht von Größe und der Einstellung der Gesellschaft dazu?

4. Wie möchte Jesus, dass sich seine Jünger – und auch wir uns – selbst sehen?

5. Welche positiven Seite hat »aufopfernde Liebe«?

6. Welche neuen Möglichkeiten für Ihr Leben sehen Sie darin, anderen zu dienen, indem Sie ihnen Ihre Zeit opfern?

- Ihre Energie?

- Ihr Geld?

- Ihre Fähigkeiten?

7. Wann haben Sie festgestellt, dass aufopfernde Liebe unerwartete Belohnungen bringt?

Anwendung

- Zu welchem Opfer fordert Sie der Herr Ihrer Meinung nach auf, um jemand anderem zu dienen? (Es ist wichtig, dass das Opfer von Gott geleitet wird, und nicht aus dem Moment heraus oder aus einem Schuldgefühl oder dem Verlangen nach dem Lob anderer.)

Vorschlag für das Gebet

Bringen Sie für eine andere Person ein Opfer, von dem Sie wissen, dass es auch Gottes Wille ist. Bitten Sie um seine Gnade, wenn Sie Ihre Aufgabe angehen.

Zur Vertiefung

Lesen Sie bitte Kapitel 8: »Aufopfernde Liebe – geben, nicht nehmen« und Kapitel 9: »Radikale Liebe – den Kreislauf der Feindseligkeit durchbrechen«.

Anmerkungen für den Leiter

Eine Diskussion über einen Bibeltext zu leiten kann eine erfreuliche und lohnende Erfahrung sein. Aber die Aussicht kann auch beängstigend sein – besonders, wenn man vorher noch nie etwas Derartiges gemacht hat. Wenn Sie sich so fühlen, dann befinden Sie sich in guter Gesellschaft.

Erinnern Sie sich noch daran, was geschah, als Gott Mose aufforderte, die Israeliten aus Ägypten zu führen? Mose antwortete: »Aber bitte, Herr, schick doch einen andern!« (Ex 4,13). Doch Gott gab Mose die Hilfe (menschlicher und göttlicher Natur), die er brauchte, um ein starker Leiter zu werden.

Eine Bibelarbeit zu leiten ist nicht schwer, wenn Sie sich an bestimmte Richtlinien halten. Sie müssen kein Bibelexperte oder ein geübter Lehrer sein. Die im Folgenden aufgeführten Vorschläge sollen Ihnen dabei helfen, Ihre Rolle als Leiter wirkungsvoll und mit Freude auszuüben.

Vorbereitung für die jeweilige Studieneinheit

1. Bitten Sie Gott, Ihnen zu helfen, den Textabschnitt zu verstehen und auf Ihr eigenes Leben anzuwenden. Bevor das nicht geschieht, sind Sie nicht darauf vorbereitet, andere anzuleiten. Beten Sie auch für die einzelnen Mitglieder der Gruppe. Bitten Sie Gott, ihre Herzen für die Botschaft seines Wortes zu öffnen und ihnen Motivation zu geben, auch danach zu handeln.
2. Lesen Sie die Einleitung zum Studienteil, um einen Überblick über das vor Ihnen liegende Thema und die verschiedenen Aspekte zu bekommen, auf die dabei eingegangen wird.

3. Bereiten Sie sich auf die Eröffnungsfragen mit einer persönlichen Geschichte oder einem eigenen Beispiel vor. Die Gruppe wird nur in dem Maß offen sein und sich verletzlich zeigen, wie auch ihr Leiter dies tut.
4. Zu Beginn der Vorbereitung auf die jeweilige Studieneinheit sollten Sie die angegebene Bibelstelle mehrfach lesen, um sich damit vertraut zu machen. Vielleicht lesen Sie sie zusätzlich in einer Bibel nach, damit Sie auch den Kontext kennen.
5. Dieser Studienteil verwendet die Einheitsübersetzung der Bibel, der auch die Bibelzitate entnommen sind. Deshalb wird es für Sie und Ihre Gruppe hilfreich sein, auch diese Übersetzung als Grundlage für das Textstudium und den anschließenden Austausch zu benutzen.
6. Arbeiten Sie jede Frage im Studienteil sorgfältig durch. Denken Sie gründlich über den Abschnitt nach, wenn Sie Ihre Antworten formulieren.
7. Schreiben Sie Ihre Antworten in den dafür vorgesehenen Raum. Dies gibt Ihnen die Möglichkeit, klar zu formulieren und zu erkennen, ob und wie Sie diesen Textabschnitt verstanden haben und wie Sie ihn in Ihrem Leben umsetzen können.
8. Halten Sie ein Bibellexikon griffbereit. Verwenden Sie es, um unbekannte Wörter, Namen oder Orte nachzuschlagen.
9. Nehmen Sie die abschließenden Fragen und den Abschnitt »Anwendung« jeder Studieneinheit ernst. Überlegen Sie, was es im Einzelnen für Ihr Leben bedeutet, welche Veränderungen Sie in Ihrem Lebensstil vornehmen sollten und/oder welche Dinge Sie in Ihrer Gemeinde oder mit Menschen, die Sie kennen, angehen sollten. Denken Sie daran, dass die Gruppe bei ihrem Studium Ihrem Vorbild folgen wird.

Vorbereitung auf die Leitung eines Treffens

1. Sorgen Sie dafür, dass jeder in der Gruppe das Buch sowie eine Bibel vorliegen hat. Ermutigen Sie die Gruppe, sich im Voraus auf

das Gespräch vorzubereiten, indem sie den einleitenden Abschnitt im Studienteil lesen und die Fragen durcharbeiten.

2. Erklären Sie zu Beginn des ersten Treffens, dass die Einheiten als Gespräche und nicht als Vorträge gedacht sind. Ermutigen Sie die Mitglieder der Gruppe dazu, aktiv teilzunehmen. Aber setzen Sie auch diejenigen nicht unter Druck, die während der ersten Treffen noch zögern, etwas zu sagen.
3. Beginnen Sie das Treffen pünktlich. Sprechen Sie zunächst ein Gebet und bitten Sie Gott, der Gruppe dabei zu helfen, die Passage zu verstehen und anzuwenden.
4. Lassen Sie ein Mitglied der Gruppe den einführenden Absatz zu Beginn der Studieneinheit vorlesen. Das soll die Gruppe auf das jeweilige Thema einstimmen.
5. Jede Studie beginnt mit einem Abschnitt, der als »Einführung« bezeichnet wird. Diese einleitenden Fragen sollten gestellt werden, bevor der erste Bibelabschnitt gelesen wird. Sie sind aus verschiedenen Gründen wichtig:

   Erstens herrscht zu Beginn immer eine gewisse Steifheit, die erst überwunden werden muss, bevor Menschen anfangen, offen miteinander zu reden. Eine gute Frage wird das Eis brechen.

   Zweitens haben die meisten Menschen eine ganze Menge Dinge, die ihnen im Kopf herumgehen (das Abendessen, eine Prüfung, ein wichtiges Treffen, das bevorsteht, oder auch die Reparatur eines Autos), die nichts mit dem Thema zu tun haben. Eine kreative Frage wird ihre Aufmerksamkeit wecken und ihnen den Einstieg in das Gespräch erleichtern.

   Drittens können einführende Fragen aufdecken, wo wir in unserem Leben Veränderung benötigen. Deshalb ist es besonders wichtig, den einleitenden Absatz nicht zu lesen, bevor nicht die Eröffnungsfrage gestellt worden ist. Der Absatz würde die ehrlichen Reaktionen verfälschen, die normalerweise ausgelöst würden, weil die Mitglieder sonst das Gefühl haben, sie sollten so denken, wie es die Bibel tut.
6. Lassen Sie ein Mitglied der Gruppe dann den Bibelabschnitt, mit dem Sie sich beschäftigen wollen, laut vorlesen.

7. Denken Sie beim Formulieren der Fragen daran, dass sie genau so verwendet werden sollten, wie sie dastehen. Sie können einfach laut vorgelesen werden.

   Es kann manchmal angebracht sein, ein wenig vom Arbeitsheft abzuweichen. Zum Beispiel kann es sein, dass eine Frage bereits beantwortet wurde. Wenn das der Fall ist, dann gehen Sie einfach zur nächsten Frage über. Oder vielleicht stellt jemand eine wichtige Frage, die nicht im Studienteil oder im Buch behandelt wird. Nehmen Sie sich die Zeit, die Frage gründlich zu besprechen, aber sorgen Sie dafür, dass die Gruppe nicht abschweift.

8. Beantworten Sie nicht Ihre eigenen Fragen. Wenn nötig, sollten Sie eine Frage mit anderen Worten wiederholen, bis sie klar verstanden wird. Auch eine eifrige Gruppe wird schnell passiv und schweigend, wenn sie das Gefühl hat, dass der Leiter den größten Redeanteil übernehmen will.

9. Haben Sie keine Angst vor der Stille. Vielleicht brauchen die Teilnehmer einfach Zeit, um über die Frage nachzudenken, bevor sie antworten.

10. Geben Sie sich nicht mit einer einzigen Antwort zufrieden. Fragen Sie: »Was denken denn die anderen?« oder »Gibt es noch etwas dazu zu sagen?«, bis mehrere Leute die Frage beantwortet haben.

11. Würdigen Sie alle Beiträge. Stimmen Sie zu, wann immer es möglich ist. Weisen Sie nie eine Antwort zurück. Wenn die Antwort inhaltlich komplett danebenliegt, dann fragen Sie: »Welcher Vers hat dich darauf gebracht?« oder »Was denkt denn der Rest von euch dazu?«

12. Erwarten Sie nicht, dass jede Antwort an Sie gerichtet wird, auch wenn das vermutlich zunächst der Fall sein wird. Wenn sich die Mitglieder der Gruppe sicherer fühlen, werden sie beginnen, direkt aufeinander einzugehen. Das ist ein Anzeichen eines gesunden Gruppengesprächs.

13. Haben Sie keine Angst vor gegensätzlichen Meinungen. Das kann sehr anregend sein! Wenn Sie einen Punkt nicht vollständig klären können, lassen Sie sich nicht entmutigen. Machen Sie weiter und behalten Sie den Punkt für später im Kopf. Eine der folgenden Studieneinheiten kann das Problem vielleicht lösen.

14. Fassen Sie von Zeit zu Zeit zusammen, was die Gruppe über den Abschnitt gesagt hat. Das hilft dabei, die verschiedenen Gedanken, die genannt wurden, zusammenzuhalten und bewirkt Kontinuität. Aber halten Sie keine Predigten.
15. Sie sollten nicht auf die Anwendungsfragen am Ende jeder Studieneinheit verzichten. Es ist wichtig, dass jeder die Botschaft des Textes auf seine eigene Weise für sich anwendet. Arbeiten Sie daran, Dinge ins Rollen zu bringen, indem Sie erzählen, was die Beschäftigung mit dem Abschnitt bei Ihnen ausgelöst hat.

    Je nach Zusammensetzung der Gruppe und der Länge des Treffens entscheiden Sie, ob Sie über den Abschnitt »Anwendung« noch sprechen oder nicht. Wenn Sie es nicht tun, dann geben Sie der Gruppe Gelegenheit, ihn leise zu lesen und darüber nachzudenken. Ermutigen Sie die Mitglieder, konkrete Entschlüsse zu fassen und sie in ihr Arbeitsheft einzutragen. Fragen Sie sie in der nächsten Woche, ob es Ihnen gelungen ist, diese Entschlüssen in die Praxis umzusetzen.
16. Beschließen Sie Ihr Treffen mit einem gemeinsamen Gebet. Bitten Sie um Gottes Hilfe bei der Umsetzung der Entscheidungen, die Sie gefällt haben.
17. Beenden Sie das Treffen pünktlich.

Viele andere Vorschläge und Hilfestellungen finden sich in folgenden Büchern:

- Donahue, Bill: *Authentische Kleingruppen leiten.* Wiesbaden: Projektion J Verlag 1997.
- Kretz, Mechthild und Dörr, Ute: *Neues vom Gruppenleiten.* Bonn: NavPress 1998.
- Schaible, Günther: *Christliche Lebensgemeinschaften aufbauen.* Neukirchen-Vluyn: Aussaat Verlag 1992.

Anmerkungen zu den Studieneinheiten

Einheit 1: Mut und das Überwinden lähmender Angst

Bibelstelle: 2 Korinther 5,1-10

Ziel: zu erkennen, dass Mut darin besteht, die Furcht nicht zu verleugnen, sondern ihr ins »Auge zu schauen« und ihr im Vertrauen auf Gott zu begegnen.

Frage 1: Das Thema der Unsicherheit unseres (irdischen) Lebens zieht sich, durch Bilder (»irdisches Zelt«, »nackt«, »Fremde«) illustriert, wie ein roter Faden durch den Bibeltext; Christen fordern keine Garantie für viele gesunde und angenehme Jahre auf der Erde, denn unsere Sicherheit besteht in Christus. Jakobus schrieb: »[...] ihr wißt doch nicht, was morgen mit eurem Leben sein wird. [...] Ihr solltet lieber sagen: Wenn der Herr will, werden wir noch leben und dies oder jenes tun« (Jak 4,14-15). Vergleichen Sie dieses Vertrauen mit dem verzweifelten Versuch unserer Gesellschaft, das Altern und den Tod hinauszuschieben.

Frage 2: Trotz alledem stehen auch Christen der Unsicherheit des irdischen Lebens nicht gleichgültig gegenüber. Wir sind uns unserer natürlichen Ängste vor Leiden und Tod bewusst, während wir gleichzeitig dem Herrn des Lebens vertrauen.

Frage 4: Das »Sterbliche« ist fehlerhaft, unvollkommen und hat Mängel. Damit sind wir mit unserer begrenzten menschlichen Kraft gemeint! Doch Gottes vollkommene Liebe wird unsere Unvollkommenheit überwinden. Auch wenn der Bibeltext über unsere zukünftige Vervollkommnung in Christus spricht (wenn wir sterben oder wenn er wiederkommt), lebt doch der Heilige Geist bereits *jetzt* in uns (Vers 5) und kann durch uns leben.

Einheit 2: Konsequente Erziehung und Erfolg

Bibelstelle: Galater 5,16-26

Ziel: zu verstehen, dass »konsequente Erziehung« eigentlich Vergnügen ist, das bewusst auf einen späteren Zeitpunkt verschoben wird, indem wir im Vorfeld Entscheidungen treffen, bestimmte Dinge zu tun oder nicht zu tun.

Frage 1: Sexuelle Unmoral, Wutanfälle, Trunkenheit und Orgien sind die augenfälligsten Beispiele. Götzendienst und Hexerei können aus Ungeduld mit Gott entstehen, denn sie sind Anstrengungen, um an Gott vorbeizugehen und Geister zu manipulieren, damit man das bekommt, was man will. Eifersucht und Neid erwachsen daraus, dass wir das, was wir wollen, nicht zu dem Zeitpunkt haben, an dem wir es wollen.

Frage 2: Diese Eigenschaften benötigen Zeit, um sich in unserem Charakter zu entfalten. Und sie beinhalten alle, sich mit Menschen und Situationen auseinander zu setzen, wenn es leichter wäre, einfach aufzugeben.

Fragen 6-7: Aus den übrigen Abschnitten des Galaterbriefes ist klar ersichtlich, dass sich konsequente Erziehung nicht auf den sorgsamen Gehorsam gegenüber dem Gesetz oder auf unsere eigenen Anstrengungen bezieht, mehr Liebe und Selbstkontrolle auszuüben. Sie bezieht sich vielmehr auf unsere Entscheidung »aus dem Geist zu leben«, die wir im Voraus getroffen haben, indem wir ihm erlauben, unsere Reaktionen auf die Konflikte des Lebens zu lenken. Wenn wir uns entscheiden, »aus dem Geist zu leben«, stellen wir uns unter die Autorität des Heiligen Geistes, der in uns lebt, uns Kraft gibt und uns lehrt (vgl. Joh 15,15-26).

Einheit 3: Weitsichtiges Verhalten – über Vordergründiges hinausschauen

Bibelabschnitt: Matthäus 19,16-30

Ziel: unser Denken zu erweitern und ein wagemutiges Vertrauen auf Gott zu haben, der größer, das heißt mächtiger ist als jede mögliche Schwierigkeit.

Frage 2: Die Art, wie Jesus diesen Mann sah, unterscheidet sich erschreckend von dem, wie wir ihn heute beurteilen würden. Er war vermögend und führte ein moralisch einwandfreies Leben – ein Spitzenkandidat für die Mitgliedschaft in einer unserer »besseren« Gemeinden. Jesus sah ihn als einen potenziellen Jünger und einen Erben des ewigen Lebens – wenn er bereit gewesen wäre, den Reichtum aufzugeben, der ihm zu sehr ans Herz gewachsen war.

Frage 3: Den Reichtum aufzugeben, hätte ein wagemutiges Vertrauen in Gott erfordert. Deutlich wird, dass Menschen, die davon überzeugt sind, dass Gott, ihr himmlischer Vater, wirklich für sie sorgen wird, freigebig sein können. Umgekehrt führt der Mangel an Vertrauen in Gott (einschließlich der Zweifel an seiner Güte) zu der Notwendigkeit, für seine eigene Sicherheit sorgen zu müssen, das heißt, dem »Mammon« zu dienen.

Frage 5: Der Mensch, der seinen Blick auf die Zukunft richtet, versucht, durch Gebet und Bibelstudium Gottes Einstellung zu einem Problem zu erfahren und dazu beizutragen, diese Lösung umzusetzen. Menschliches Handeln ist hingegen ein Machtspiel; es zögert nicht, Unehrlichkeit zu benutzen oder einen Vorteil aus anderen zu ziehen.

Anwendung: Wenn Sie diese Erkenntnis formulieren, beginnen Sie damit, sich auf das Versprechen zu berufen, dass Gott nichts unmöglich ist. Bitten Sie ihn um Weisheit. Besprechen Sie Ihre Situation mit guten Freunden. Schreiben Sie einige Möglichkeiten auf und gehen Sie im Glauben los. Es wird einen unglaublichen Unterschied in Ihrem Leben machen, wenn Sie sich auf dem Weg zu einer Lösung befinden.

Einheit 4: Ausdauer – Fluchtgedanken überwinden

Bibelstelle: Jeremia 29,1-14

Ziel: die Entschlossenheit zu entwickeln, nicht aufzugeben.

Frage 1: Sie hatten wahrscheinlich das Gefühl, dass Gott sie im Stich gelassen hatte und dass er nicht in der Lage gewesen war, seine heilige Stadt zu schützen, das Zentrum seiner Verehrung, das viele als unbesiegbar betrachteten. Auch wenn Jeremias Brief vor der endgültigen Zerstörung Jerusalems durch Nebukadnezzar geschrieben wurde, hatte der babylonische Herrscher bereits den Tempelschatz geraubt und die einflussreichen Bewohner verschleppt, auch den noch jungen König Jojachin und seine Mutter und Ratgeberin Nehuschta. »Von den Bürgern des Landes blieben nur die geringen Leute zurück« – einschließlich des Propheten Jeremia (2 Kön 24,8-17).

Frage 2: Durch Jeremia ermutigte Gott die Verschleppten, in Babylon ein so normales Leben wie möglich zu führen, und versicherte ihnen, dass er gute Pläne mit ihnen hatte. Er ließ sie die begrenzte Dauer des Exils wissen und versprach ihnen die mögliche Befreiung, wenn sie sich ihm zuwenden würden.

Frage 3: Es handelt sich um etwas sehr Schwieriges inmitten des Leids – um eine Haltung des guten Willens gegenüber den Menschen, die ihr Leiden verursachen. Das ist die Haltung Jesu: »Er wurde geschmäht, schmähte aber nicht; er litt, drohte aber nicht, sondern überließ seine Sache dem gerechten Richter« (1 Petr 2,23).

Frage 6: Auch wenn Sie kein Verschleppter in Babylon im 6. Jahrhundert vor Christus sind, gelten die Prinzipien der Verse 10-14 für alle Christen. Gott hat seine souveränen Pläne mit uns und Leid ist manchmal unausweichlich; er möchte, dass wir die Hoffnung nicht verlieren, anstatt in Verzweiflung zu verfallen; er ruft uns dazu auf, ihn zu suchen; er wird uns durch den Sieg der Auferstehung und das zweite Kommen Jesu ein für alle Mal befreien.

Einheit 5: Mitgefühl

Bibelstelle: Lukas 10,25-37

Ziel: anderen mit einfühlsamer Liebe zu begegnen, weil alle Menschen Gott wichtig sind.

Fragen 1-2: Er wollte die Bestätigung, dass er bereits genug getan hatte. Aber wahres Mitgefühl hat kein Ende; es hält stets nach Gelegenheiten Ausschau, um mehr zu tun.

Frage 3: Der Weg von Jericho nach Jerusalem führt steil hinab durch die felsige Wüste. Dort anzuhalten und jemandem an diesem verlassenen Ort zu helfen, würde Zeitverlust und Unannehmlichkeiten bedeuten. Die Räuber konnten sich noch versteckt halten und auf das nächste Opfer warten. Der ausgeraubte Mann sah vielleicht schon tot aus und die Berührung eines toten Körpers hätte den Priester und den Leviten nach dem Gesetz unrein gemacht (vgl. Lev 21,1-4).

Frage 4: Außer den natürlichen Hindernissen, dem verletzten Mann zu helfen, gab es noch eine kulturelle Barriere für den Samariter: »Die Juden verkehren nämlich nicht mit den Samaritern« (Joh 4,9). Die Juden betrachteten die Samariter als unreine Halbjuden, die Gott auf dem falschen Berg dienten. Die Samariter dagegen sahen sich selbst als Nachkommen der »wahren« Israeliten. Sie waren daher »natürliche Feinde«.

Frage 5: Der Samariter setzte sein Mitleid in mutiges Handeln um. Er nahm das Risiko auf sich, das nächste Opfer der Räuber zu werden. Er lief durch die Hitze, während der verwundete Mann ritt. Er riskierte Ablehnung in der Herberge, als er mit seiner schwierigen Last dort ankam. Er vertraute dem Wirt sein Geld an und bat ihn, dasselbe für ihn zu tun, falls die Summe nicht ausreichend war. Das sind nicht die Taten eines schwachen Menschen.

Einheit 6: Selbstaufopferung

Bibelstelle: Markus 10,35-45

Ziel: bereit zu sein, Zeit, Energie und Geld für andere zu opfern.

Fragen 1-2: Israel war ein besetztes Land. Die Menschen mussten Steuern an die römische Regierung zahlen und wurden von römischen Soldaten bewacht. Ganz Israel wartete auf den versprochenen Messias, der die Völker erben und sie »mit eiserner Keule« zerschlagen würde (vgl. Ps 2,8-9). Es war nur natürlich für diese engen Nachfolger Jesu, anzunehmen, dass sie eine führende Rolle in seinem zukünftigen Königreich einnehmen würden.

Frage 3: Die zeitgenössische Gesellschaft definierte »Größe« als »Kontrolle über andere haben«. Unsere heutige Kultur unterscheidet sich nicht sehr davon. Wenn Jesus unser Vorbild ist, dann haben wir Christen eine andere Einstellung dazu, was die Größe einer Person ausmacht, als die Gesellschaft.

Frage 4: In allen Evangelien wird deutlich, dass sich Jesus selbst als Vorbild dafür bezeichnete, wie seine Jünger leben sollten. Das kann man zum Beispiel sehr deutlich im Johannesevangelium, Kapitel 13, Verse 2-17 sehen, als er seinen Jüngern die Füße wusch, und drückt sich ebenfalls klar im Lukasevangelium, Kapitel 6, Vers 40 aus: »Der Jünger steht nicht über seinem Meister; jeder aber, der alles gelernt hat, wird wie sein Meister sein.« Dass wir selbst aufopfernd lieben, bedeutet nicht, dass wir wertlos sind. Jesus versichert uns auch, dass wir auserwählt und geliebt sind und einen Platz im Königreich Gottes haben (zum Beispiel Joh 14,1-3; 15,9.16).

DER GOTT,
den du
SUCHST
BILL HYBELS